K. Justen

Turbo Prolog –
Einführung in die Anwendung

Programmieren von Mikrocomputern

Die Bände dieser Reihe geben den Benutzern von Heimcomputern, Hobbycomputern bzw. Personalcomputern über die Betriebsanleitung hinaus zusätzliche Anwendungshilfen. Der Leser findet wertvolle Informationen und Hinweise mit Beispielen zur optimalen Ausnutzung seines Gerätes, besonders auch im Hinblick auf die Entwicklung eigener Programme.

Bisher erschienene Bände

Band 1 **Einführung in BASIC**
von W. Schneider

Band 3 **BASIC für Fortgeschrittene**
von W. Schneider

Band 4 **Einführung in Pascal**
von W. Schneider

Band 6 **BASIC-Programmierbuch zu den grundlegenden Ablaufstrukturen der Datenverarbeitung**
von E. Kaier

Band 7 **Lehr- und Übungsbuch für Commodore-Volkscomputer**
von G. Oetzmann

Band 9 **Einführung in die Anwendung des Betriebssystems CP/M**
von W. Schneider

Band 10 **Datenstrukturen in Pascal und BASIC**
von D. Herrmann

Band 11 **Programmierprinzipien in BASIC und Pascal**
von D. Herrmann

Band 13 **Strukturiertes Programmieren in BASIC**
von W. Schneider

Band 14 **Logo-Programmierkurs für Commodore 64 Logo und Terrapin Logo (Apple II)**
von B. Schuppar

Band 15 **Entwerfen von Programmen (Commodore 64)**
von G. Oetzmann

Band 16 **Einführung in die Anwendung des Betriebssystems MS-DOS**
von W. Schneider

Band 17 **Einführung in die Anwendung des UCSD p-Systems**
von K. Buckner/M. J. Cookson/A. I. Hinxman/A. Tate

Band 18 **Mikrocomputer-COBOL**
von W. Kähler

Band 19 **Fortgeschrittene Programmiertechniken in Turbo Pascal**
von E. Hering und K. Scheurer

Band 20 **Einführung in die Anwendung des Betriebssystems Apple DOS (Apple II)**
von H. R. Behrendt und H. Junghans

Band 22 **Einführung in Turbo Pascal unter CP/M 80**
von G. Harbeck

Band 23 **Pascal mit der Turtle**
von K. und K. H. Beelich

Band 24 **Programmieren mit UNIX**
von G. Martin und M. Trostmann

Band 25 **Murmeltierwelt und Pascal**
von H. Pinke

Band 26 **Rechenstrukturen und Geometrie mit LOGO**
von G. Moll

Band 27 **Sprachverarbeitung mit LISP und Prolog auf dem PC**
von J. Handke

Band 28 **Probleme und Lösungen mit Turbo Prolog**
von D. Herrmann

Band 29 **Turbo Prolog – Einführung in die Anwendung**
von K. Justen

Programmieren von Mikrocomputern Band 29

Konrad Justen

Turbo Prolog – Einführung in die Anwendung

Friedr. Vieweg & Sohn Braunschweig / Wiesbaden

Das in diesem Buch enthaltene Programm-Material ist mit keiner Verpflichtung oder Garantie irgendeiner Art verbunden. Der Autor, die Übersetzerin und der Verlag übernehmen infolgedessen keine Verantwortung und werden keine daraus folgende oder sonstige Haftung übernehmen, die auf irgendeine Art aus der Benutzung dieses Programm-Materials oder Teilen davon entsteht.

ISBN 978-3-528-04561-6 ISBN 978-3-322-91754-6 (eBook)
DOI 10.1007/978-3-322-91754-6

Der Verlag Vieweg ist ein Unternehmen der Verlagsgruppe Bertelsmann
Additional material to this book can be downloaded from http://extras.springer.com.

Vorwort

Die *Künstliche Intelligenz* befaßt sich mit der Nachbildung von intelligentem menschlichen Verhalten durch Computer.

Eines ihrer Teilgebiete ist das *Automatische Beweisen*, wo die Tätigkeit des Beweisens mathematischer Aussagen, die Tätigkeit von Mathematikern also, simuliert werden soll. Hier stellt man sich die Frage, ob eine Formel (eine Aussage, ein Satz) der Prädikatenlogik aus gewissen vorgegebenen Formeln mechanisch, durch ein Computerprogramm, ableitbar ist.

Ein Prolog-Interpreter oder -Compiler (ein Prolog-System) kann aufgefaßt werden als ein solches Ableitungs- oder Beweisprogramm, als ein *Inferenzmechanismus*, das Prolog-Programm selbst als eine Reihe vorgegebener Formeln, als *Wissensbasis.*

Prolog ist ein dialogorientes System: Der Benutzer stellt ein Problem, eine Frage (zu einer Wissensbasis) und erhält eine Antwort, nachdem das Inferenzverfahren die Ableitbarkeit aus der Wissensbasis untersucht hat, usw.

Prolog ist eine *deskriptive* (*deklarative*) Programmiersprache. Ein Programm in Prolog beschreibt ein Problem nur, nennt nur seine Grundregeln und -bedingungen, gibt nur das Problemwissen an. Es schreibt nicht – wie das in konventionellen Programmiersprachen der Fall ist – Schritt für Schritt vor, wie man mit Hilfe des Problemwissens zu einer Problemlösung gelangt.

Ein *Wissensbasiertes System* ist ein Problemlösungsprogramm, das als Komponenten mindestens eine Wissensbasis und einen Inferenzmechanismus beinhaltet.

Danach können wir jedes Prolog-Programm zusammen mit seinem Interpreter oder Compiler als Wissensbasiertes System auffassen: Das Programm bildet die Wissensbasis, und das Prolog-System liefert den Inferenzmechanismus.

Ein *Expertensystem* ist ein Wissensbasiertes System, das die Problemlösefähigkeit eines Experten simuliert.

Die Programmiersprache *Prolog* entstand um 1970 aus der Künstlichen Intelligenz heraus, als Sprache zur *Pro*grammierung in *Log*ik. Seit etwa 1980 gewinnen die Wissensbasierten Systeme und insbesondere die Expertensysteme zunehmend an praktischer Bedeutung. Prolog ist für Anwendungen aus diesen Gebieten hervorragend geeignet. In Japan wurde Prolog in dem aufsehenerregenden nationalen Projekt zur Entwicklung von Computern der fünften Generation als grundlegende Systemsprache gewählt.

Wie für die meisten Programmiersprachen, so gibt es auch für Prolog mehrere Implementierungen, die alle ihre syntaktischen und semantischen Besonderheiten haben. Ein Standard wurde durch das Lehrbuch „Programming in Prolog" von W. F. Clocksin und C. S. Mellish gesetzt.

Turbo Prolog ist eine Prolog-Implementierung der Firma Borland für den IBM PC und kompatible Computer unter dem Betriebssystem PC-DOS oder MS-DOS, die im wesentlichen über alle Eigenschaften von Standard Prolog verfügt. Der Hauptunterschied besteht in der Verwendung eines Typen-Systems. Turbo Prolog ist ein Compiler; die erstellten Programme sind – verglichen mit interpretierten Programmen – schnell in der Ausführung.

Dieses Buch ist als einführendes Lehrbuch für den Anfänger geschrieben. Es will keine vollständige Beschreibung von Turbo Prolog liefern. Stattdessen will es den Leser in die Lage versetzen, mit Hilfe von Turbo Prolog geeignete Probleme zu lösen.

Dazu muß der Einsteiger in Turbo Prolog zwei Dinge lernen: *Erstens* muß er *das zur Problemlösung notwendige Wissen* darstellen und *sprachlich formulieren* können. Das ist nicht allzu schwierig; denn die Sprache von Turbo Prolog und die natürliche Sprache sind nicht sehr verschieden. – *Zweitens* muß er *verstehen, wie aus dem Problemwissen die Lösung abgeleitet wird.* Er braucht diese Ableitung zwar nicht selbst durchzuführen, sondern kann sie dem Inferenzmechanismus – über den das Turbo Prolog-System verfügt – überlassen. Aber zum Schreiben guter Programme und insbesondere für die Fehlersuche ist das Verständnis dennoch notwendig. Im übrigen wird allein die Neugierde dazu treiben, das Geheimnis des Inferenzmechanismus durchschauen zu wollen. Das ist schon schwieriger. Hier helfen auch eventuelle Erfahrungen mit anderen Programmiersprachen wenig. Die Schlußweisen des Inferenzmechanismus sind dem natürlichen Schließen zwar verwandt. Aber letzteres geschieht kaum bewußt.

Wir werden letzterem Punkt besondere Aufmerksamkeit schenken, indem wir anhand des Konzepts eines *Ableitungssuchbaumes* den Inferenzmechanismus anschaulich darstellen und in vielen Beispielen immer wieder verdeutlichen.

Diese Zweiteilung prägt auch die ersten drei Kapitel des Buches. Ausgehend von der „Mutter" Automatisches Beweisen gelangen wir über die „Tochter" Prolog zu der „Enkelin" Turbo Prolog. Die Grundideen und -strukturen von Prolog werden eingeführt und gefestigt. Überhaupt spielen Verwandtschaftsbeziehungen eine wichtige Rolle in diesem Buch. So wird uns der Stammbaum einer Franziska S. immer wieder begegnen und Beispiele liefern. Kapitel 4 behandelt die für den Anfänger wichtigen Sprachelemente von Turbo Prolog. Der bedeutsamste Anwendungsbereich von Prolog sind Wissensbasierte Systeme, insbesondere Expertensysteme. In Kapitel 5 wird Schritt für Schritt ein Beispiel-Expertensystem entwickelt, das den Benutzer bei der Auswahl eines BMW aus der 3er-Serie berät.

Einige Möglichkeiten von Turbo Prolog werden nicht besprochen. So fehlt eine Diskussion der Fenster- und Grafikeigenschaften, des Dateiensystems und der modularen Programmentwicklungsumgebung.

Meinem Kollegen Ekbert Hering danke ich herzlich für seine spontane und ausdauernde Hilfsbereitschaft und dem Vieweg-Verlag für die freundliche Betreuung.

Aalen, Januar 1988 Konrad Justen

Inhaltsverzeichnis

1 Automatisches Beweisen

Im Automatischen Beweisen stellt man sich die Frage, ob eine gegebene Formel der Prädikatenlogik aus gewissen vorausgesetzten Formeln ableitbar ist. Dabei interessiert man sich für solche Ableitungs- oder Inferenzverfahren, die für eine Implementierung auf einem Rechner geeignet sind. Ausgehend von der betrachteten Formel zeigt das Inferenzverfahren im Falle der Ableitbarkeit die logische Zurückführung auf die Voraussetzungen oder Annahmen.

Nun mag die Frage der Ableitbarkeit prädikatenlogischer Formeln aus anderen prädikatenlogischen Formeln vielleicht für Logiker interessant sein. Aber was hat sie mit dem Programmieren oder gar dem Lösen praktischer Probleme durch Computerprogramme zu tun? Nehmen wir einmal an, daß wir unsere Problembeschreibung, d.h. das zur Lösung unseres praktischen Problems erforderliche Wissen in der Sprache der Prädikatenlogik ausdrücken könnten. Dann könnten wir auch unsere eigentliche Frage bei der gegebenen Problemstellung als prädikatenlogische Formel darstellen. Die Problembeschreibung würde also den vorausgesetzten Formeln entsprechen, und die Frage bzw. die Antwort würde der abzuleitenden Formel entsprechen. Jetzt wäre es eine großartige Sache, die Lösung des Problems einem Inferenzverfahren zu übertragen, das in der Lage wäre, die Antwort auf unsere Frage abzuleiten. Alles, was wir selbst liefern müßten, wäre die korrekte Darstellung des Problems.

Dieser Traum soll (weitgehend) Wirklichkeit werden.

1.1 Wissensrepräsentation mit Hornklauseln

Wir wollen Probleme lösen, indem wir das nötige Wissen des jeweiligen Problemfeldes darstellen, um dann durch Einsatz eines Inferenzverfahrens unsere Fragen beantworten zu lassen. Zur Darstellung des Wissens verwenden wir eine spezielle Form der Prädikatenlogik, die *Klauselsprache*.

1.1.1 Der Stammbaum der Franziska S

Anhand eines Beispiels wollen wir die Klauselsprache zunächst informell einführen.

Im allgemeinen haben die Sätze in unserer Klauselsprache *dann - wenn*-Form. "x ist (dann) Großvater von y, wenn x Vater von z und z Elternteil von y ist." ist ein Beispiel. Wir sprechen bei derartig strukturierten Sätzen von *Hornklauseln* (benannt nach dem Logiker Horn) oder auch kurz von *Klauseln.* Der *wenn*-Teil heißt auch *Annahme* oder *Prämisse*, der *dann*-Teil *Folgerung* oder *Konklusion.* Der wenn-Teil besteht aus beliebig vielen *Atomen* und der dann-Teil aus einem Atom (z.B. "x ist Großvater von y" oder "z ist Elternteil von y"). Mehrere Atome sind im wenn-Teil immer durch "und" verbunden.

Atome beschreiben *Beziehungen* oder *Relationen* zwischen *Individuen.* In "x ist Vater von z" handelt es sich um die Beziehung "ist Vater von", die hier zwischen zwei beliebigen Individuen besteht, die mit den *Variablen* x und z bezeichnet werden. In "Josef S. ist Vater von Franziska S." besteht diese Relation zwischen zwei festen, konkreten Individuen, die mit den *Konstantensymbolen* Josef S. und Franziska S. bezeichnet werden. Der Name der Relation heißt *Prädikatensymbol.* Anstelle von "x ist (dann) Großvater von y, wenn x Vater von z und z Elternteil von y ist." schreiben wir formaler: "Großvater(x,y) <-- Vater(x,z), Elternteil(z,y)". Ein Atom beginnt also mit dem Prädikatensymbol, und es folgt in Klammern - durch Komma getrennt - die Folge der Namen der Individuen, zwischen denen die Relation besteht. Anstelle von "dann - wenn" schreiben wir "<--", und das "und" in der Prämisse ersetzen wir durch ein Komma. Anstelle von "Josef S. ist Vater von Franziska S." schreiben wir "Vater(Josef S., Franziska S.) <--". Es handelt sich also um eine Klausel ohne Prämisse.

Die folgenden Klauseln notieren einige *Fakten* aus dem Stammbaum der Franziska S.

K1 *Vater(Wilhelm S, Josef S) <--*
K2 *Mutter(Maria S, Josef S) <--*
K3 *Vater(Josef S, Franziska S) <--*
K4 *Mutter(Anna S, Franziska S) <--*

K5 *Beruf(Wilhelm S, Bauer)<--*
K6 *Beruf(Josef S, Schweinehändler) <--*

Ahnentafel

IV Ur-Großeltern

8 Name: Simon
Dornamen: Johann
Beruf: Bäcker
Relig.:
* in Eitelborn am 3.8.1782
† in „ □ Arz. am 14.8.1857
∞ I Leubach a.-h. 14.1.1811

∞ in Arzbach am 22. 8. 1814

9 Geburtsname: Maurer
Dornamen: Anna Maria
Kinderzahl: 9
Relig.: kath
* in Eitelb. am 6.12.1790
† in „ □ Arz. am 8.12.1852

10 Name: Seger
Dornamen: Joh. Jakob
Beruf: Hufschmied
Relig.: kath
* in Eit. am 6.12.1.
† in Eit. □ Arzb. am 29.1.1862

∞ in Arzbach am 12. 11. 1810

11 Geburtsname: Knopp
Dornamen: Anna Maria
Kinderzahl: 8
Relig.: kath
* in Eitelb. am 2.11.1788
† in „ □ Arzb. am 5.12.1853

(am 15.11.1810 ...)

12 Name: Klein
Dornamen: Nikolaus
Beruf:
Relig.: kath
* in Urbar am 6.5.1788
† in Neuhäusel □ Arzb. am 28.2.1840

∞ in Arzb. am 4. 5. 1813

13 Geburtsname: Reichert
Dornamen: A. Maria ?
Kinderzahl:
Relig.: kath
* in Simmern am 16.3.1788
† in Neuhäusel □ Arzb. am 7.4.1862

14 Name: Breiden
Dornamen: Joh. Heinrich
Beruf: Landwirt
Relig.: kath
* in Hillscheid am 2.3.1799
† in Hillscheid am 10.5.1863

∞ in Höhr am 29. 1. 1821

15 Geburtsname: Breiden
Dornamen: Anna Gertrud ?
Kinderzahl:
Relig.: kath
* in Höhr am 23.12.1799
† in Hillscheid am 1.4.1866

III Großeltern

4 Name: Simon Wilhelm
Dornamen:
Beruf: Bäcker
Relig.: kath.
* in Eitelborn am 26.1.1824
† in „ □ Arzb. am 11.1.1890

∞ in Arzbach am 9. 1. 1854

5 Geburtsname: Seger
Dornamen: Anna Maria
Kinderzahl: 8
Relig.: kath
* in Eitelborn am 7.6.182.
† in „ □ Arzb. am 19.2.1884

6 Name: Klein
Dornamen: Joh. Georg
Beruf: Ackersmann
Relig.: kath
* in Neuhäusel am 21.2.1816
† in „ □ Arzb. am 17.5.1884

∞ in Arzbach am 7. 3. 1848

7 Geburtsname: Breiden
Dornamen: Anna
Kinderzahl: 3
Relig.: kath
* in Hillscheid am 17.7.1828
† in Neuhäusel □ Arzb. am 14.8.1864

II Eltern

2 Name und Dornamen: Simon Joh. Josef
* in Eitelborn am 14.2.1856
Beruf: Hofgutsinhaber
† in Neuhäusel am
Relig.: kath.

∞ in Arzbach am 13. 1. 1884

3 Geburtsname u. Dornamen: Klein Anna
* in Neuhäusel am 6. 6. 1861
Kinderzahl: 7
† in Neuhäusel am
Relig.:

I

Name: Simon
Dornamen: Evangeline
* in Neuhäusel am 28.5.1891
Beruf:
Relig.: kath
† in
∞ in Neuhäusel mit Josef Wartenstein aus Dornдorf am

Geprüft:

Zeichenerklärung:
* = geboren
~ = getauft
∞ = verheiratet
† = gestorben
□ = begraben
Ziffer im □ stets männlicher Ahn
Dicke Ziffer stets weiblicher Ahn

Heftrand

9044 5 741

K7 *Kinderzahl(Maria S, 8) <--*
K8 *Kinderzahl(Anna S, 7) <--*

Durch die folgenden Klauseln führen wir neue Prädikatensymbole ein.

K9 *Elternteil(x,y) <-- Vater(x,y)*
K10 *Elternteil(x,y) <-- Mutter(x,y)*

K11 *Großelternteil(x,y) <-- Elternteil(x,z), Elternteil(z,y)*

K11 bedeutet: Für alle x,y und z gilt: x ist dann ein Großelternteil von y, wenn x ein Elternteil von z und z ein Elternteil von y ist. Wegen ihres allgemeingültigen Charakters nennt man solche Klauseln auch *Regeln.* Der Geltungsbereich einer Variablen ist beschränkt auf die Klausel, in der sie vorkommt. Zwischen der Variablen x in K9 und der Variablen x in K11 besteht kein Zusammenhang. K9 könnte z.B. äquivalent ersetzt werden durch: *Elternteil(u,v) <-- Vater(u,v).*

Einiges, was in der allgemeinen Sprache der Prädikatenlogik direkt formulierbar ist, läßt sich mittels Hornklauseln nur indirekt ausdrücken. "weiblich(x) und Elternteil(x,y) <-- Mutter(x,y)" z.B. kann durch die beiden Klauseln "weiblich(x) <-- Mutter(x,y)" und "Elternteil(x) <-- Mutter(x,y)" zusammen äquivalent beschrieben werden. K9 und K10 zusammen könnte man als "Elternteil(x,y) <-- Vater(x,y) oder Mutter(x,y)" schreiben, wenn das "oder" im wenn-Teil erlaubt wäre.

Prädikatensymbole können Relationen zwischen beliebig vielen Individuen beschreiben.

In "Eltern(Wilhelm S, Maria S, Josef S) <--" ist "Eltern" ein Beispiel für ein dreistelliges Prädikatensymbol mit der Bedeutung: Wilhelm S. und Maria S. sind die Eltern von Josef S. In "Katholik(Wilhelm S) <--" kommt das einstellige Prädikatensymbol "Katholik" vor. (Es sind übrigens alle Vorfahren von Franziska S. Katholiken.)

1.1.2 Die Klauselschreibweise der Prädikatenlogik

Wir wollen jetzt die *Syntax* der Klauselsprache und ihre *Interpretation* kompakt angeben. Wie wir schon angedeutet haben, nehmen wir gegenüber den Ausdrucksmöglichkeiten der vollen Sprache der Prädikatenlogik einige Einschränkungen in Kauf. Wir gewinnen dafür an Einfachheit und Übersichtlichkeit.

Definitionen

Eine *Hornklausel* ist ein Ausdruck der Form $B \text{ <-- } A_1, A_2, ..., A_n$, wobei B und A_1, A_2, ..., A_n Atome sind (n>=0).

Die Hornklausel enthalte die Variablen x_1, x_2, ..., x_k. Sie wird *interpretiert* als:

Für alle $x_1, x_2, ..., x_k$ *gilt: B (dann), wenn* A_1 *und* A_2 *und ... und* A_n.

Es sei n=0. Dann lautet die *Interpretation*:

Für alle $x_1, x_2, ..., x_k$ *gilt B.*

Ein *Atom* ist ein Ausdruck der Form $P(t_1, t_2, ..., t_m)$, wobei P ein m-stelliges Prädikatensymbol ist und t_1, t_2, ..., t_m Terme sind (m>=1).

Die *Interpretation* lautet:

Die mit P bezeichnete Relation besteht zwischen den Individuen, die mit den Termen $t_1, t_2, ..., t_m$ *bezeichnet sind.*

Ein *Term* ist eine Variable oder ein Konstantensymbol.

Die *Prädikatensymbole*, *Konstantensymbole* und *Variablen* sind aus getrennten Zeichenvorräten zu wählen, damit keine Verwechslungen möglich sind.

Bei dem Begriff der allgemeinen Klausel erlaubt man mehrere Atome im dann-Teil, die dann durch "oder" verbunden sind. Der dann-Teil darf auch ganz fehlen; die Klausel wird in diesem Fall als Negation interpretiert. "<-- Katholik(Emil)" wäre also als "Emil ist nicht Katholik." zu interpretieren. Im übrigen haben wir aus didaktischen Gründen *Funktionssymbole* zunächst weggelassen. Die betrachteten Hornklauseln werden dadurch sehr einfach.

1.1.3 Natürliche Sprache und Klauselsprache

Obwohl die Klauselsprache eine Programmiersprache ist, zeigt sie doch viel Ähnlichkeit mit der natürlichen Sprache. Das erleichtert natürlich das Programmieren darin. Dieser Abschnitt enthält einige Bemerkungen zum Übersetzen von Hornklauseln in natürlichsprachliche Sätze und umgekehrt.

Zweistellige Prädikatensymbole können zwischen die Argumente geschrieben werden. Anstelle von "=(x,y)", "<(2,z)" und "mag(u,v)" schreibt man in *Infix-Notation*: "x=y", "2<z" und "u mag v". Einstellige Prädikatensymbole können hinter ihr Argument geschrieben werden. Anstelle von "Katholik(x)" notieren wir auch: "x ist Katholik".

Den Variablen in den Hornklauseln entsprechen im Deutschen Wörter wie "alles", "jeder", "etwas", "ein" oder "jemand". "Alles fließt." wäre mit "x fließt <--" zu übersetzen. "x ist Deutscher <-- x ist Bayer" bedeutet: "Alle Bayern sind Deutsche." oder: "Jeder Bayer ist Deutscher." oder: "Wer Bayer ist, ist auch Deutscher.". (Dieser Satz wird semantisch oft (fälschlich) mit "Alle sind Bayern *und* alle sind Deutsche." gleichgesetzt.) "Männer sind Schweine." schreibt sich als Hornklausel so: "x ist ein Schwein <-- x ist ein Mann". (Denn es sind ja alle Männer gemeint.) "x schmunzelt <-- x denkt y, y ist lustig" bedeutet: "Wer etwas Lustiges denkt, schmunzelt." (Alle Lustigdenker sind Schmunzler.). "Ein Sohn ist ein männliches Kind (von jemand)." wäre zu übersetzen als "x ist Sohn von y <-- x ist männlich, x ist Kind von y". "Jemand ist ein Opa, wenn er Vater von jemand ist, der selbst Kinder hat." liest sich so: "x ist Opa <-- x ist Vater von y, y hat Kinder".

1.2 Inferenzverfahren für Hornklauseln

Nachdem wir jetzt einen Formalismus, eine formale Sprache haben, in der wir Wissen ausdrücken können, benötigen wir noch einen Mechanismus, ein Inferenzverfahren, um aus dem Wissen Folgerungen abzuleiten, damit Probleme zu lösen, Fragen zu beantworten. Das einzuführende *Inferenzverfahren* ist ein Spezialfall des sogenannten *Resolutionsverfahrens*.

1.2.1 Einige Folgerungen aus dem Stammbaum der Franziska S

Anhand unseres Stammbaumbeispiels wollen wir das Inferenzverfahren zunächst informell einführen.

Betrachten wir das Problem "Ist Wilhelm S ein Großelternteil von Franziska S?". Das Stammbaumwissen enthält keine direkte Antwort auf diese Frage. Der Fakt "Wilhelm S ist ein Großelternteil von Franziska S." ist nicht vorhanden. In diesem leicht überschaubaren Beispiel sehen wir aber sofort, wie er sich ableiten läßt:

Aufgrund der Klausel (der Regel) "Großelternteil(x,y) <-- Elternteil(x,z), Elternteil(z,y)" brauchen wir nur zu zeigen: "Elternteil(Wilhelm S,z), Elternteil(z,Franziska S)", d.h. wir müssen jemanden finden, so daß Wilhelm S Elternteil von ihm ist und er selbst Elternteil von Franziska S ist. Aufgrund der Klausel "Elternteil(x,y) <-- Vater(x,y)" genügt es zu zeigen, daß Wilhelm S sein Vater und er selbst Vater von Franziska S ist. Josef S ist der Gesuchte: die Klauseln "Vater(Wilhelm S, Josef S) <--" und "Vater(Josef S, Franziska S) <--" sind gegeben.

Damit haben wir insgesamt gezeigt, daß Wilhelm S Großelternteil von Franziska S ist. Wir haben also das Atom "Großelternteil(Wilhelm S, Franziska S)" abgeleitet.

Diese Argumentation - die der natürlichen, alltäglichen Schlußweise entspricht - wollen wir formelmäßiger darstellen.

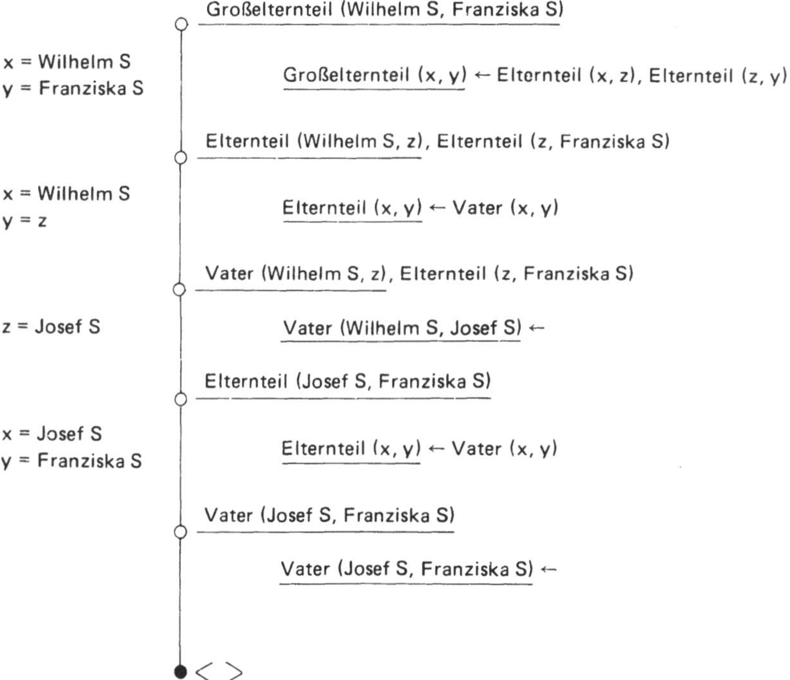

Bild 1-2 Ableitung von „Großelternteil (Wilhelm S, Franziska S)"

Die unterstrichenen Paare von Atomen werden durch die angegebenen Ersetzungen (*Substitutionen*) gleichgemacht (*unifiziert*). Diese Unifizierungen sind zulässig, da die Variablen in den Klauseln beliebig ersetzt werden dürfen (Allaussagen).

Im ersten Schritt wird das Anfangsproblem (am obersten Knoten) "Großelternteil(Wilhelm S, Franziska S)" mittels der Klausel (an der weiterführenden Kante) "Großelternteil(x,y) <-- Elternteil(x,z), Elternteil(z,y)" und der unifizierenden Substitution {x=Wilhelm S, y=Franziska S} reduziert auf die Teilprobleme "Elternteil(Wilhelm S,z)" und "Elternteil(z,Franziska S)" (die an dem Knoten am Ende der Kante stehen).

Im zweiten Schritt wird das Teilproblem "Elternteil(Wilhelm S,z)" mittels der Klausel "Elternteil(x,y) <-- Vater(x,y)" und der unifizierenden Substitution {x=Wilhelm S, y=z} reduziert auf das Teilproblem "Vater(Wilhelm S,z)".

Auch {x=Wilhelm S, y=Josef S, z=Josef S} wäre eine unifizierende Substitution. Es wird jedoch immer die allgemeinere vorgezogen. Damit wird die Festlegung auf ein Konstantensymbol möglichst lange hinausgeschoben und ein Fehlgriff vermieden.

Im letzten Schritt wird das Teilproblem "Vater(Josef S, Franziska S)" mittels der Klausel "Vater(Josef S, Franziska S) <--" unmittelbar gelöst (eine Unifizierung ist überflüssig, und es entstehen keine neuen Teilprobleme). <> (das leere Problem) zeigt an, daß alle Teilprobleme gelöst sind und damit auch das Anfangsproblem.

Betrachten wir jetzt das Problem:

"Gibt es u, so daß u ein Großelternteil von Franziska S ist?" oder anders formuliert:

"Finde u mit: u ist ein Großelternteil von Franziska S." oder kürzer:

"Wer (z.B.) ist ein Großelternteil von Franziska S?".

Im Gegensatz zu der vorhin behandelten Frage, die schlicht mit "ja" oder "nein" zu beantworten war, ist hier ein Wert zu "berechnen".

Irgendwo im Verlauf der Ableitung kommt die Substitution {u=Wilhelm S} vor. Die in der Frage enthaltene Variable u erhält den Wert "Wilhelm S", und dieser Wert ist die Antwort auf die Frage.

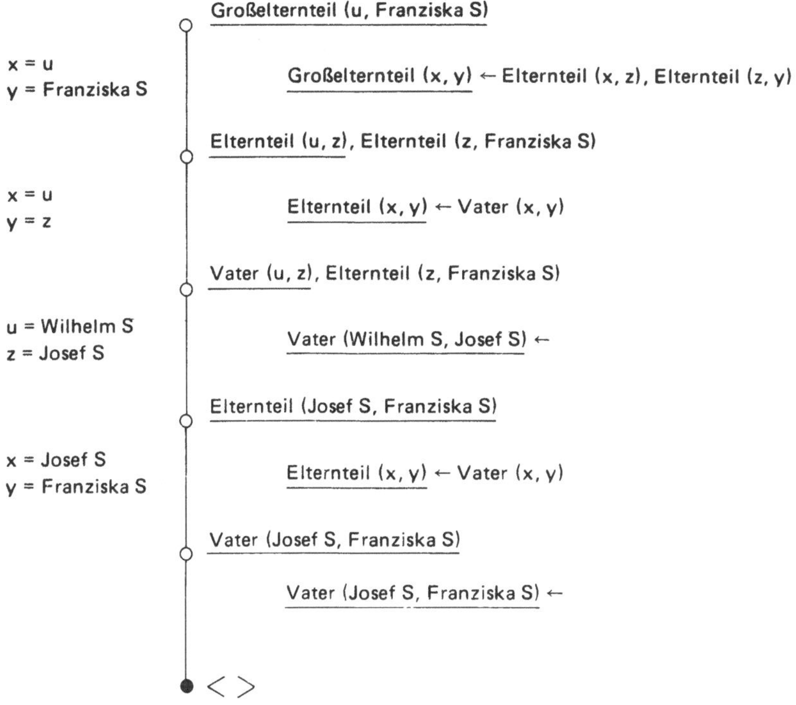

Bild 1-3 Ableitung von „Großelternteil (u, Franziska S)"

Bei der Unifizierung von zwei Atomen treten folgende Fälle auf:

a) Die Terme an entsprechenden Stellen sind beide Konstanten.
Dann müssen sie gleich sein; sonst ist eine Unifizierung nicht möglich.

b) Einer der Terme ist eine Variable, der andere eine Konstante.
Dann wird die Variable durch die Konstante ersetzt.

c) Beide Terme sind Variablen.
Dann werden beide durch dieselbe (eventuell neue) Variable ersetzt.

1.2.2 Ableitungen

Einige der vorhin informell eingeführten Begriffe wollen wir jetzt genauer angeben.

Definitionen

Gegeben sei eine Menge S von Hornklauseln. (Die Übereinstimmung mit dem Anfangsbuchstaben des Nachnamens von Franziska ist rein zufällig.)

Eine Folge C_1, C_2, ..., C_n, wobei jedes C_i (1<=i<=n) seinerseits eine Folge von Atomen (Teilproblemen an den Knoten) ist, heißt *Ableitung von C_1 aus S*, wenn gilt:

1) C_1 ist ein Atom (das Anfangsproblem).
2) C_n ist <> (das leere Problem).
3) C_{j+1} entsteht aus C_j durch Anwendung der Ableitungsregel (1<=j<=n-1).

C_{j+1} entsteht aus C_j durch Anwendung der Ableitungsregel, wenn gilt:

a) C_j ist eine Folge von Atomen: A_1, ..., A_{i-1}, A_i, A_{i+1}, ..., A_m (m>=1).
   (A_i wird ausgewählt als nächstes zu lösendes Teilproblem; A_i wird unterstrichen.)
b) B <-- B_1, ..., B_n (n>=0) ist eine Klausel (an der Kante zwischen den Knoten von C_j und C_{j+1}, wobei B der unterstrichene Partner von A_i ist) aus S, sodaß C_j und diese Klausel keine gemeinsamen Variablen haben.
c) s ist ein allgemeinster Unifikator für A_i und B (die Substitution an der Kante zwischen C_j und C_{j+1}, die A_i und B gleichmacht). Es gilt also A_is=Bs. Hierbei ist A_is bzw. Bs das Ergebnis der Anwendung von s auf A_i bzw. B.
d) C_{j+1} ist die Folge von Atomen:
   A_1s, ..., A_{i-1}s, B_1s, ..., B_ns, A_{i+1}s, ..., A_ms.

Wir sagen auch: *Die Ableitungsregel wird mit A_i und B <-- B_1, ..., B_n angewendet.*

In der Definition wird nichts darüber ausgesagt, wie das Atom A_i auszuwählen ist. Ebenso wird offengelassen, welche von eventuell mehreren geeigneten Klauseln B <-- B_1, ..., B_n zum Zuge kommt.

Wenn C_j und B <-- B_1, ..., B_n gemeinsame Variablen haben, müssen vor der Anwendung der Ableitungsregel Umbenennungen durchgeführt werden.

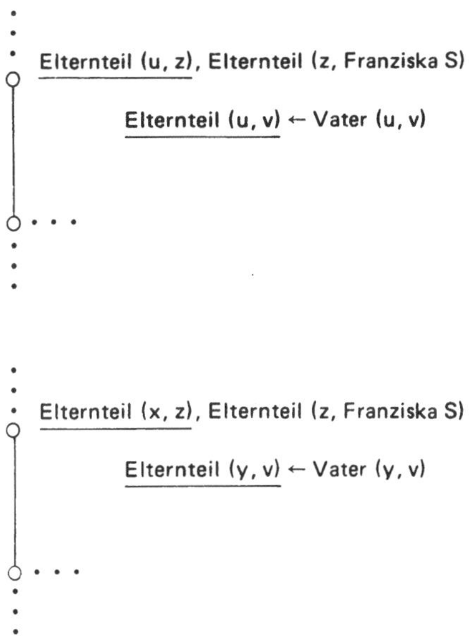

Elternteil (u, z), Elternteil (z, Franziska S)

Elternteil (u, v) ← Vater (u, v)

...

Elternteil (x, z), Elternteil (z, Franziska S)

Elternteil (y, v) ← Vater (y, v)

...

Bild 1-4 Variablen-Umbenennung

Wir haben u aus C_j in x und u aus der Klausel in y umbenannt. Jetzt kann die Ableitungsregel angewendet werden. Mit s={y=x, v=z} ergibt sich: A_js= Elternteil(x,z)s= Elternteil(x,z) und Bs= Elternteil(y,v)s= Elternteil(x,z); die unterstrichenen Atome werden also unifiziert. Als C_{j+1} ergibt sich damit: Vater(y,v)s, Elternteil(z, Franziska S)s, also

Vater(x,z), Elternteil(z, Franziska S).

Definitionen

Eine *Substitution* $\{x_1=t_1, ..., x_m=t_m\}$ ist eine Menge von Komponenten $x_i=t_i$, wobei x_i eine Variable und t_i ein Term ist. Hierbei sind je zwei Variablen verschieden (m>=0).

Sei E ein Ausdruck, d.h. ein Term, ein Atom oder eine Klausel und s={x_1=t_1, ..., x_m=t_m} eine Substitution.

Das *Ergebnis der Anwendung von s auf E* ist der Ausdruck Es, der aus E dadurch entsteht, daß jedes Vorkommen einer Variablen x_i durch ein Vorkommen des Terms t_i (1<=i<=m) ersetzt wird.

Wir wollen besonders darauf hinweisen, daß alle Vorkommen einer Variablen x in einem Ausdruck durch denselben Term t ersetzt werden. x darf innerhalb des Ausdrucks also nicht einmal durch diesen und ein andermal durch jenen (anderen) Term (bei dieser Substitution) ersetzt werden.

Das Ergebnis der Anwendung von s auf E, also Es, heißt auch *Instanz* von E; E ist *instantiiert.*

Eine Substitution s *unifiziert* zwei Ausdrücke E_1 und E_2 (oder ist ein *Unifikator*), wenn $E_1s=E_2s$ gilt.

Damit z.B. zwei Atome unifizierbar sind, müssen sie also dasselbe Prädikatensymbol haben; denn eine Substitution kann nur Variablen ersetzen. Gleiche Ausdrücke werden durch jede Substitution unifiziert.

Ein Unifikator s von E_1 und E_2 heißt *allgemeinster Unifikator*, wenn überall da, wo in E_1 und E_2 an sich entsprechenden Stellen Variablen stehen, auch in E_1s (und damit auch in E_2s) eine Variable steht, falls das möglich ist. Bis auf die Namen dieser Variablen (Umbenennung) ist der allgemeinste Unifikator eindeutig bestimmt.

Die angegebene Ableitungsregel ist ein Spezialfall der sogenannten Resolutionsregel.

1.2.3 Ableitungssuchbäume

Gegeben sei eine Menge S von Hornklauseln und ein Atom C_1. Uns interessiert die Frage, ob C_1 aus S folgt, d. h. ob es eine Ableitung von C_1 aus S gibt.

Vorhin haben wir in zwei Beispielen eine solche Ableitung konstruiert, indem wir passende Anwendungen der Ableitungsregel einfach angegeben haben. Ein Inferenzverfahren versucht diese Frage zu beantworten, indem es - von C_1 ausgehend - systematisch alle möglichen Anwendungen der Ableitungsregel durchgeht, um sicherzugehen, daß eine eventuell existierende Ableitung auch gefunden wird.

Unsere Ableitungen sind ja in zweierlei Hinsicht unbestimmt (nichtdeterministisch):

Bei jeder Anwendung der Ableitungsregel ist ein Atom A_i aus der Klausel C_j und eine Klausel B <-- B_1, ..., B_n auszuwählen; C_{j+1} (einschließlich der zugehörigen Unifizierung) ergibt sich dann aus der Regelanwendung.

Was die Auswahl des Atoms A_i angeht, so wollen wir wie in den betrachteten Beispielen vorgehen: wir wählen immer das in C_j am weitesten links stehende Atom, also A_1, aus. Damit lösen wir immer zunächst das zuletzt aufgetretene Teilproblem.

Es bleibt die zweite Unbestimmtheit: zu A_1 in C_j gibt es eventuell mehrere Klauseln. Damit können wir eventuell auf mehrere Weisen - jeweils durch Anwendung der Ableitungsregel mit der zugehörigen Unifizierung - A_1 auf Teilprobleme reduzieren. Da möglicherweise nur eine davon letztendlich zum Ziele, zu einer Ableitung, führt, und wir nicht wissen, welche das ist, müssen wir alle Möglichkeiten durchprobieren.

Diese Ableitungssuche stellen wir in einem *Ableitungssuchbaum* dar.

Wir verwenden das letzte Beispiel mit dem Anfangsproblem *Großelternteil(u, Franziska S)*. Die Abkürzungen sind selbsterklärend.

Wir beginnen also mit dem Atom *G(u,Fr)* als dem Wurzelknoten des zu konstruierenden Ableitungssuchbaumes. In unserer Hornklauselmenge, den Klauseln aus dem Stammbaumbeispiel, suchen wir alle Klauseln *K*, so daß die Ableitungsregel mit *G(u,Fr)* und *K* anwendbar ist. In diesem Fall ist es nur die Klausel *Großelternteil(x,y) <-- Elternteil(x,z), Elternteil(z,y)*. (Wir schreiben jetzt - der Übersichtlichkeit halber - die Klauseln und die Substitutionen nicht mehr an die Kanten.) Es ergibt sich der Knoten mit den Atomen *E(u,z)* und *E(z,Fr)*.

Nach unserer Vereinbarung verfolgen wir zunächst das Atom (Teilproblem) *E(u,z)* weiter. Wir finden jetzt zwei Klauseln, nämlich *Elternteil(x,y) <-- Vater(x,y)* und *Elternteil(x,y) <-- Mutter(x,y)*, so daß die Ableitungsregel anwendbar ist. Dadurch ergibt sich eine Verzweigung.

Wir verfolgen den linken Zweig, in dem *Elternteil(x,y) <-- Vater(x,y)* benutzt wird. (Die Reihenfolge, in der die Klauseln im Ableitungssuchbaum von links nach rechts benutzt werden, entspricht der Reihenfolge, in der sie in der Hornklauselmenge von oben nach unten aufgeschrieben sind.) An dem neuen Knoten stehen die Atome *V(u,z)* und *E(z,Fr)*. Wir haben zunächst das Teilproblem *V(u,z)* anzugehen. Wir finden wieder zwei Klauseln, nämlich *Vater(Wilhelm S, Josef S) <--* und *Vater(Josef S, Franziska S) <--*, so daß die Ableitungsregel anwendbar ist.

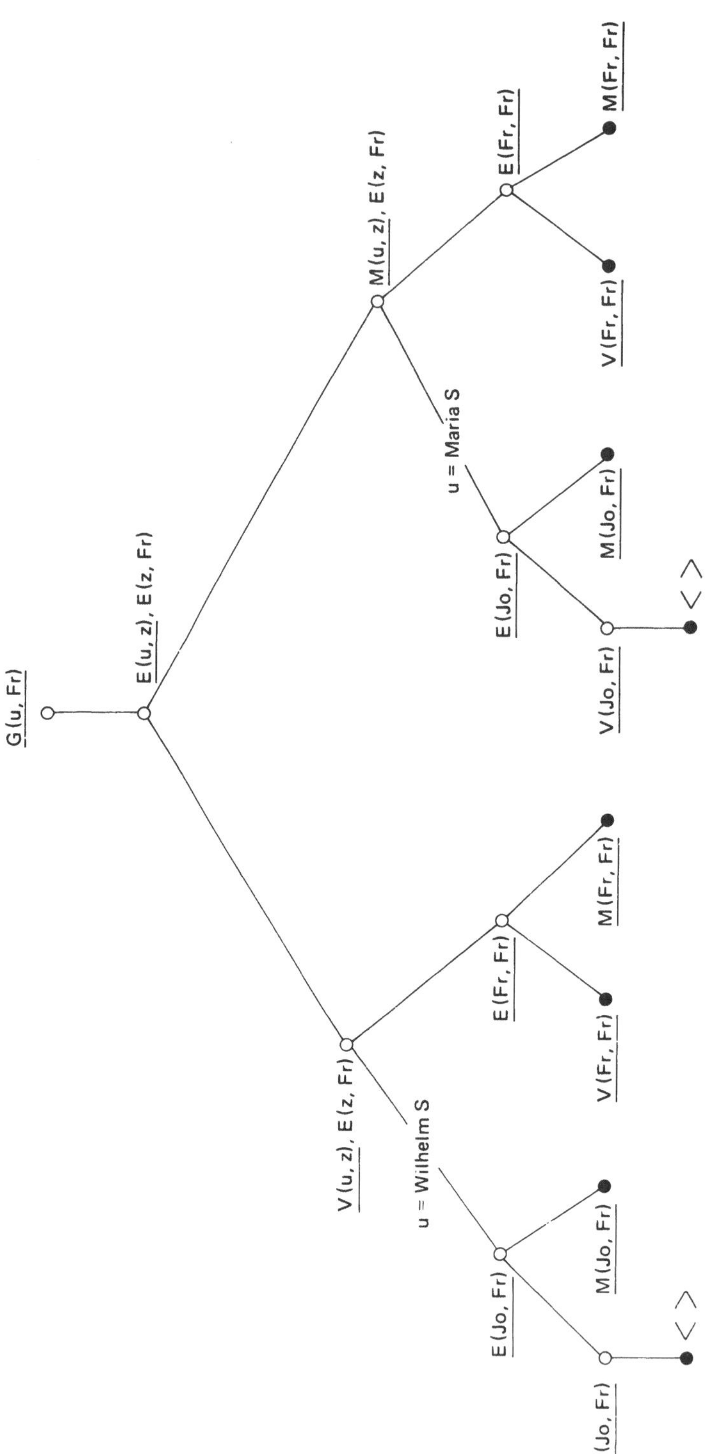

Bild 1-5 Ableitungssuchbaum für „Großelternteil (u, Franziska S)"

Wir verfolgen wieder den linken Zweig, in dem sich ein neuer Knoten *E(Jo,Fr)* ergibt. Wieder ist die Ableitungsregel zweifach anwendbar, wobei sich im linken Zweig der Knoten *V(Jo,Fr)* ergibt. Jetzt kommt für eine Regelanwendung nur die Klausel *Vater(Josef S, Franziska S) <--* in Frage, und es ergibt sich <> an dem neuen Knoten.

Damit haben wir eine (uns bereits bekannte) Ableitung gefunden und können zufrieden sein, wenn wir nur den Wert *u=Wilhelm S* brauchen.

Wenn wir aber alle möglichen Werte für u haben wollen, wenn wir also alle Opas und Omas von Franziska wissen wollen, müssen wir den kompletten Ableitungssuchbaum aufbauen.

Dazu gehen wir zurück zum letzten Verzweigungsknoten, hier *E(Jo,Fr)*, und betrachten die nächste Regelanwendung, die an diesem Knoten möglich ist.

Es ergibt sich als neuer Knoten *M(Jo,Fr)*, der ausgefüllt wird, weil von hier aus keine weitere Regelanwendung möglich ist. Es gibt dazu nämlich keine passenden Klauseln in unserer Klauselmenge.

Da wir nicht wissen, ob der Ableitungssuchbaum schon vollständig ist, müssen wir wieder zurück bis zum letzten Verzweigungsknoten, hier *V(u,z), E(z,Fr)*, usw.

Fertig sind wir, wenn wir wieder beim Wurzelknoten angelangt sind und weiter zurück sollen. Dann wissen wir, daß wir alle Möglichkeiten ausgeschöpft haben und daß der Ableitungssuchbaum vollständig aufgebaut ist.

Diejenigen Zweige im Ableitungssuchbaum, deren letzter Knoten <> ist, stellen Ableitungen dar. Wenn es keine solchen Zweige gibt, ist das Anfangsproblem (mittels der Klauselmenge S) nicht lösbar.

Wir wollen uns den Aufbau des Ableitungssuchbaumes noch einmal in seiner zeitlichen Entwicklung veranschaulichen.

Diese Art der Suche heißt *Backtracking*, da man sich - sobald es nicht mehr weitergeht - bis zum letzten Verzweigungsknoten zurückzieht und die nächste Alternative betrachtet.

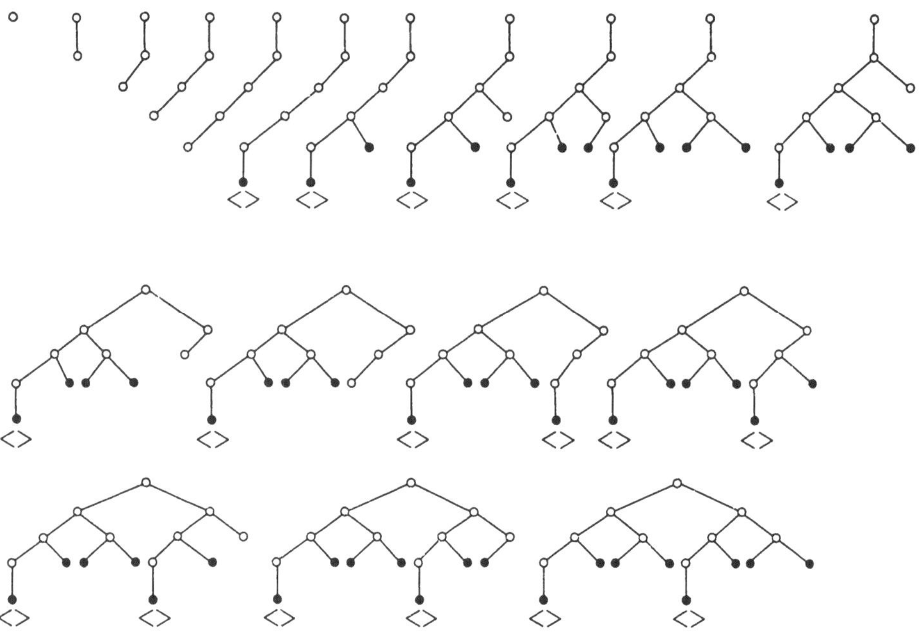

Bild 1-6 Entwicklung des Ableitungssuchbaumes für „Großelternteil (u, Franziska S)"

Natürlich sind andere Suchstrategien als Backtracking denkbar. Backtracking ist eine spezielle Form der Tiefensuche. Die andere Hauptform ist die Breitensuche. Auch für die Auswahl der Atome und der Klauseln in den Regelanwendungen gibt es andere Strategien als die hier verwendeten.

Wenn es für eine Hornklauselmenge S eine Ableitung von C aus S gibt, dann ist - wie sich leicht einsehen läßt - C eine logische Folgerung von S, d. h. wenn die Klauseln in S alle wahr sind, dann ist auch C wahr. Man nennt diese Eigenschaft eines Inferenzverfahrens auch *Korrektheit*. Für unser Inferenzverfahren gilt aber sogar das Umgekehrte: Wenn C eine Folgerung aus S ist, dann gibt es auch eine Ableitung von C aus S. Diese Eigenschaft heißt *Vollständigkeit*. Korrektheit und Vollständigkeit zusammen ergeben die theoretisch bedeutsame Aussage, daß der syntaktische Begriff der *Ableitung* und der semantische Begriff der *Folgerung* dasselbe meinen.

Alle logischen Folgerungen können durch ein mechanisches Inferenzverfahren gewonnen werden.

2 Grundelemente von Prolog

Prolog ist eine *deskriptive* Programmiersprache: wir brauchen das gegebene Problem nur zu "beschreiben", nur die hierbei gültigen Fakten und Regeln, die Voraussetzungen, anzugeben. Prolog ist nicht - wie die konventionellen Programmiersprachen - *präskriptiv*: wir müssen nicht alle einzelnen Schritte, die zur Lösung des Problems durch den Computer erforderlich sind, vordenken und "vorschreiben". Wir formulieren eine Problembeschreibung in der Sprache der Hornklauseln. Diese Klauseln bilden die Wissensbasis, das Programm - mehr nicht.

Prolog ist dialogorientiert: wir tippen am Bildschirm eine Frage ein, und Prolog antwortet und erwartet eine neue Frage usw.

Das Prolog-System verfügt über ein Inferenzverfahren für Hornklauseln, das zu den gestellten Fragen Ableitungssuchbäume erstellt.

2.1 Problembeschreibung

Wir wollen die Programmiersprache Prolog zur Lösung von Problemen verwenden. In der Problembeschreibung geben wir das Wissen an, das zur Lösung eines Problems bzw. von Problemen eines Bereichs erforderlich ist.

Prolog ist im wesentlichen die Sprache der Hornklauseln. Es gibt kleinere syntaktische Abweichungen, und die Terminologie ist gelegentlich anders.

Eine Klausel der Form *Vater(Josef S, Franziska S) <--* , also eine Klausel ohne Prämisse, wird in Prolog wie folgt geschrieben:

vater(josef_s, franziska_s).

Sie heißt ein *Fakt* oder *Atom* und beschreibt eine Beziehung zwischen *Objekten*. Die Klausel *Katholik(x) <--* schreibt sich in Prolog als der

Fakt *katholik(X).* Konkrete Objekte werden durch *Konstantensymbole* wie *franziska_s* benannt, beliebige durch *Variablen* wie *X*. Objekte sind die früheren Individuen. Namen von Beziehungen, *Prädikatensymbole*, wie *vater* und Konstantensymbole beginnen mit einem Kleinbuchstaben; Variablen beginnen mit einem Großbuchstaben. Bei Fakten wird das Prädikatensymbol zuerst hingeschrieben; es folgt - in Klammern eingeschlossen - die Folge der jeweils durch ein Komma getrennten Objekte. Am Ende eines Fakts muß immer ein Punkt stehen (was leicht vergessen wird).

Eine Klausel wie *Großelternteil(x,y) <-- Elternteil(x,z), Elternteil(z,y)* , also eine Klausel mit Prämisse, schreibt sich in Prolog folgendermaßen:

grosselternteil(X,Y):- elternteil(X,Z), elternteil(Z,Y).

Sie heißt eine *Regel*. Regeln bestehen aus einem Kopf und einem Körper, die durch ":-" getrennt sind. Auch Regeln müssen mit einem Punkt abgeschlossen werden. Regeln sind allgemeine Aussagen über Beziehungen zwischen Objekten. Man kann sie auch als Definitionen auffassen. Dabei gibt der Kopf, in unserem Beispiel *grosselternteil(X,Y)* , den zu definierenden Begriff an, und der Körper beschreibt die Zurückführung auf bekannte Begriffe.

Fakten und Regeln werden auch in der Prolog-Terminologie unter dem Oberbegriff *Klauseln* zusammengefaßt.

Ein *Prolog-Programm* ist eine Folge von Klauseln, die das betrachtete Problem beschreiben. Wir betonen nochmals:

Die Problembeschreibung alleine ist schon das ganze Programm. Eine solche Problembeschreibung in Prolog heißt auch *Datenbasis*. Wir werden synonym dazu den (uns geeigneter erscheinenden) Begriff *Wissensbasis* verwenden.

Zum Ende dieses Abschnitts wollen wir den (verkürzten) Stammbaum der Franziska S als Prolog-Wissensbasis angeben.

```
vater(wilhelm_s, josef_s).
mutter(maria_s, josef_s).
vater(josef_s, franziska_s).
mutter(anna_s, franziska_s).

beruf(wilhelm_s, bauer).
beruf(josef_s, schweinehaendler).
```

```
kinderzahl(maria_s, 8).
kinderzahl(anna_s, 7).

elternteil(X,Y):- vater(X,Y).
elternteil(X,Y):- mutter(X,Y).

grosselternteil(X,Y):- elternteil(X,Z), elternteil(Z,Y).
```

2.2 Problemlösung

Die Problembeschreibung liegt vor als Wissensbasis. Was noch fehlt, ist die Lösung. Da aber - wie wir wissen - die Wissensbasis alleine schon das vollständige Programm ist, muß die Problemlösung vom Prolog-System selbst - statt vom Programmierer - geliefert werden.

Prolog ist eine dialogorientierte Sprache. Wenn wir eine Wissensbasis eingegeben haben, können wir mit dem System einen Dialog über das Problem führen. Wir stellen eine Frage, und Prolog leitet mittels des eingebauten Inferenzmechanismus aus dem Wissen der Wissensbasis die Antwort ab.

Eine *Frage* in Prolog sieht einem Fakt sehr ähnlich. Der Unterschied besteht darin, daß "?-" vorangestellt wird.

Als Beispiel verwenden wir wieder die Wissensbasis über den Stammbaum der Franziska S. Tippen wir die Frage:

```
?- grosselternteil(wilhelm_s, franziska_s).
```

(Ist Wilhelm S ein Großelternteil von Franziska S ?) ein, so antwortet Prolog mit:

```
yes
```

Wir können uns natürlich denken, was da intern abgelaufen ist. Auf unsere Frage hin wurde das Inferenzverfahren für Hornklauseln in Gang gesetzt, d. h. es wurde ein Ableitungssuchbaum für das Anfangsproblem, das Atom *Großelternteil(Wilhelm S, Franziska S)* , konstruiert und eine Ableitung aus der Hornklauselmenge für das Stammbaumwissen gefunden.

Fragen wir jetzt: "Wer ist Großelternteil von Franziska S?",d. h.:

?- grosselternteil(U, franziska_s).

so antwortet Prolog mit:

U=wilhelm_s

Bei der Konstruktion des Ableitungssuchbaumes wurde die erste Ableitung gefunden, das erste Mal <> erreicht; der Wert, der sich dabei (in der entsprechenden Substitution) für U ergab, wird ausgedruckt. Wenn wir jetzt die Return-Taste drücken, um damit anzuzeigen, daß wir mit der Antwort zufrieden sind, bricht Prolog die Konstruktion des Ableitungssuchbaumes ab. Geben wir jedoch ";" ein zum Zeichen, daß wir eventuelle weitere Großelternteile von Franziska S wissen wollen, so fährt Prolog fort in der Konstruktion des Ableitungssuchbaumes, d. h. es findet Backtracking statt. Also auf unsere Antwort:

;

entgegnet Prolog:

U=maria_s

Denn es hat noch eine zweite Ableitung gefunden. Auf ein erneutes:

;

hin kommt die Antwort:

no

Der Ableitungssuchbaum ist vollständig aufgebaut worden; aber es hat sich keine weitere Ableitung ergeben.

Wir wollen uns noch weiter mit Prolog über die Vorgeschichte der Franziska S unterhalten. Auf die Frage:

?- mutter(anna_s, franziska_s).

erhalten wir die Antwort:

yes

und auf die Frage:

?- mutter(maria_s, franziska_s).

die Antwort:

no

Die etwas interessantere Frage:

?- kinderzahl(maria_s,X).

(Wieviele Kinder hat Maria S ?) wird mit:

X=8

beantwortet. Die Frage:

?- beruf(X,Y).

(Wer hat welchen Beruf ?) liefert zunächst die Antwort:

X=wilhelm_s

Y=bauer

Erwidern wir mit:

;

(Wir wollen weitere Lösungen.), so gibt Prolog zurück:

X=josef_s

Y=schweinehaendler

Ein erneutes:

;

wird mit:

no

beantwortet.

Bei diesen Fragen benutzen wir Prolog wie eine Datenbank-Abfragesprache. Wir lassen in der Datenbank (Wissensbasis) direkt gespeicherte Daten (Fakten) suchen und ausgeben. Da wir in unserer Wissensbasis aber über die Fakten hinaus auch Regeln abgelegt haben, können wir - dank des in Prolog implementierten Inferenzmechanismus - aus diesem Wissen neue Fakten ableiten, d.h. schlußfolgern. Unter dieser Sicht können wir Prolog als intelligente Datenbank auffassen. Sie enthält - über die direkt gespeicherten Fakten hinaus - weitere, durch die Regeln indirekt (intelligent, kompakt) gespeicherte Fakten, die bei Bedarf produziert werden können.

So werden die Fragen:

?- elternteil(wilhelm_s, josef_s).
?- elternteil(josef_s, franziska_s).
?- elternteil(maria_s, josef_s).
?- elternteil(anna_s, franziska_s).
?- grosselternteil(wilhelm_s, franziska_s).
?- grosselternteil(maria_s, franziska_s).

mit "ja" beantwortet und damit die entsprechenden Fakten produziert.

Auf die Frage:

?- enkel(franziska_s, wilhelm_s).

wird Prolog mit:

no

antworten, obwohl Franziska S offensichtlich eine Enkelin von Wilhelm S ist. Wir dürfen deshalb Prolog nicht als Lügner beschimpfen. Prolog weiß es nicht besser. Das Prädikatensymbol "enkel" ist ihm unbekannt; folglich kann obiger Fakt nicht abgeleitet werden. Prolog's Intelligenz aber beschränkt sich auf bloße Ableitbarkeit. Ein "no" von Prolog bedeutet also nur "nicht (aus den Voraussetzungen mit dem Inferenzverfahren) ableitbar" und nicht einfach "nicht wahr". Entsprechend bedeutet ein "yes" auch nur "ableitbar" und nicht etwa "wahr (schlechthin)".

3 Grundelemente von Turbo Prolog

Für Prolog existieren - wie für die meisten Programmiersprachen - verschiedene Implementierungen.

Turbo Prolog-Programme weisen einige Besonderheiten auf. So wird der eigentlichen Problembeschreibung eine Beschreibung der verwendeteten Prädikatensymbole vorangestellt. Der Turbo Prolog-Bildschirm erlaubt mit seiner Menü- und Fenstertechnik eine komfortable und übersichtliche Dialogführung. Der Inferenzmechanismus von Turbo Prolog und damit der Programmablauf kann mittels des *Trace* am Bildschirm sichtbar gemacht werden.

3.1 Programme

Programme in Turbo Prolog weisen gegenüber solchen in Standard Prolog einige Besonderheiten auf.

Ein Programm in Turbo Prolog umfaßt neben der Wissensbasis als Sammlung der Klauseln einen Abschnitt, in dem die vorkommenden Relationen, *Prädikate* genannt, beschrieben werden. Für jedes Prädikat wird angegeben, zu welchem *Bereich* die einzelnen (darin auftretenden) Objekte gehören können.

Unser Beispielprogramm hat in Turbo Prolog folgende Gestalt:

predicates

vater(symbol, symbol)
mutter(symbol, symbol)
beruf(symbol, symbol)
kinderzahl(symbol, integer)
elternteil(symbol, symbol)
grosselternteil(symbol, symbol)

clauses

vater(wilhelm_s, josef_s).
vater(josef_s, franziska_s).

mutter(maria_s, josef_s).
mutter(anna_s, franziska_s).

beruf(wilhelm_s, bauer).
beruf(josef_s, schweinehaendler).

kinderzahl(maria_s, 8).
kinderzahl(anna_s, 7).

elternteil(X,Y) if vater(X,Y).
elternteil(X,Y) if mutter(X,Y).

grosselternteil(X,Y) if elternteil(X,Z) and elternteil(Z,Y).

Nach dem Schlüsselwort *predicates* folgt die Liste der Prädikate (eigentlich Prädikatensymbole) und für jedes Prädikat die Angabe des *Bereichs* für jede Objektstelle (ohne Punkt). Im Beispiel kommen nur die Bereiche *symbol* und *integer* vor. Genauer handelt es sich um *Bereichstypen* (*Standard Domain-Typen*). Wie wir später sehen werden, kann sich der Programmierer selbst Bereiche aus diesen Bereichstypen aufbauen. Eine Folge von Buchstaben, Ziffern und Unterstrichen, die mit einem Kleinbuchstaben beginnt, gehört zum Bereichstyp *symbol.* Der Bereichstyp *integer* umfaßt die ganzen Zahlen zwischen -32 768 und 32 767 einschließlich.

Der Wissensbasis wird das Schlüsselwort *clauses* vorangestellt. Alle Fakten und Regeln mit demselben Prädikatzeichen im Kopf müssen hintereinander stehen. Anstelle von ":-" kann das Schlüsselwort "if", anstelle des "," zwischen Atomen in der Prämisse kann "and" verwendet werden.

Die beiden Klauseln *elternteil(X,Y) if vater(X,Y)* und *elternteil(X,Y) if mutter(X,Y)* können übrigens durch die eine Klausel *elternteil(X,Y) if vater(X,Y); mutter(X,Y)* gleichwertig ersetzt werden, wobei anstelle von ";" auch "or" stehen darf.

Wir raten aber - zumindest dem Anfänger - vom Gebrauch von "oder" ab, weil dadurch i.a. die Verständlichkeit herabgesetzt wird.

3.2 Programmablauf

Der Ablauf eines Turbo Prolog-Programms kann mit Hilfe des *Trace* am Bildschirm sichtbar gemacht werden.

Die Programmierumgebung von Turbo Prolog stellt eine komfortable Menü- und Fenstertechnik zur Verfügung. Der Bildschirm besteht aus drei Bereichen: der Kopfzeile, dem Arbeitsbereich und der Fußzeile. Die Kopfzeile zeigt die verfügbaren Menüs und Kommandos. Die Fußzeile beschreibt die Funktions- bzw. Cursortasten; deren Bedeutungen hängen von dem aktuell benutzten Menü bzw. Kommando ab. Der Arbeitsbereich besteht aus vier Teilbereichen, die Fenster genannt werden: Editor-Fenster, Dialog-Fenster, Message-Fenster und Trace-Fenster. Jedes Fenster hat die Form eines Rechtecks und wird durch eine durchgehende Linie umrandet. Alle Biidschirmanzeigen von Turbo Prolog werden in diesen Fenstern dargestellt, und auch alle Benutzereingaben erscheinen darin. Wenn wir unser Programm im Editor-Fenster erfaßt haben und nun ausführen lassen, erscheint im Dialog-Fenster:

Goal:

Wir werden also aufgefordert, eine Frage zu stellen (die hier eben *Goal* heißt). Geben wir:

grosselternteil(wilhelm_s, franziska_s).

ein. Turbo Prolog erwidert im Dialog-Fenster:

True

Goal:

und fordert uns damit wieder auf. Fragen wir jetzt:

grosselternteil(U, franziska_s).

so lautet die Antwort:

U=wilhelm_s

U=maria_s

2 Solutions

Anstelle von "yes" und "no" benutzt Turbo Prolog "True" und "False", und es werden gleich alle möglichen Lösungen angegeben. Das Fragezeichen ist wegen des vorangestellten "Goal:" überflüssig.

Den Ablauf eines Prolog-Programms - für eine gestellte Frage - haben wir uns veranschaulicht durch das Konstruieren des entsprechenden Ableitungssuchbaumes. Turbo Prolog stellt eine Möglichkeit zur Verfügung, den Programmablauf am Bildschirm zu verfolgen.

Wir stellen unserem Beispielprogramm den Compilerbefehl "trace" voran und starten es erneut. Auf die Aufforderung im Dialog-Fenster:

Goal:

antworten wir wieder:

grosselternteil(U, franziska_s).

Im Trace-Fenster wird - Schritt für Schritt mit dem Drücken der Taste F10 - folgende Ausgabe produziert (die Abkürzungen sind selbsterklärend):

```
CALL:   g(_,fr)
CALL:   e(_,_)
CALL:   v(_,_)
RETURN: v(wi,jo)
RETURN: e(wi,jo)
CALL:   e(jo,fr)
CALL:   v(jo,fr)
REDO:   v(jo,fr)
RETURN: v(jo,fr)
RETURN: e(jo,fr)
RETURN: g(wi,fr)
REDO:   e(jo,fr)
CALL:   m(jo,fr)
REDO:   m(jo,fr)
REDO:   v(_,_)
RETURN: v(jo,fr)
RETURN: e(jo,fr)
CALL:   e(fr,fr)
CALL:   v(fr,fr)
REDO:   v(fr,fr)
REDO:   e(fr,fr)
CALL:   m(fr,fr)
REDO:   m(fr,fr)
REDO:   e(_,_)
CALL:   m(_,_)
RETURN: m(ma,jo)
RETURN: e(ma,jo)
CALL:   e(jo,fr)
CALL:   v(jo,fr)
REDO:   v(jo,fr)
RETURN: v(jo,fr)
RETURN: e(jo,fr)
RETURN: g(ma,fr)
REDO:   e(jo,fr)
CALL:   m(jo,fr)
REDO:   m(jo,fr)
REDO:   m(_,_)
RETURN: m(an,fr)
RETURN: e(an,fr)
CALL:   e(fr,fr)
CALL:   v(fr,fr)
REDO:   v(fr,fr)
REDO:   e(fr,fr)
CALL:   m(fr,fr)
REDO:   m(fr,fr)
```

FAIL: m(fr,fr)

Parallel dazu bewegt sich der Cursor im Editor-Fenster zu der jeweils benutzten Klausel.

Um diese Ausgabe verstehen zu können, betrachten wir nochmals den entsprechenden Ableitungssuchbaum.

Die gestrichelten Linien haben wir angefügt, um auf die beiden Fakten mit dem Prädikatzeichen *Vater* bzw. *Mutter* hinzuweisen, mit denen am jeweiligen Knoten eine Regelanwendung grundsätzlich möglich wäre (hier aber scheitert, da die Unifizierung mißlingt). Die Numerierung der Teilprobleme (Atome, Goals) entspricht der Reihenfolge, in der sie bearbeitet werden.

Sie erscheinen in eben dieser Reihenfolge - nach einem vorangestellten CALL - im Trace-Fenster, wobei alle Variablen durch "_" dargestellt werden. Ein RETURN zeigt an, daß ein Teilproblem gelöst werden konnte. Im REDO-Fall findet Backtracking statt. Zu jedem Verzweigungsknoten gehört ein REDO (i.a. n-1 REDO's bei n Verzweigungen). Während im Trace-Fenster das angegangene Teilproblem angezeigt wird, deutet der Cursor auf die Klausel, mit der gerade eine Regelanwendung versucht wird.

Mit anderen Worten: Die Konstruktion des Ableitungssuchbaumes für das Goal "grosselternteil(U, franziska_s)." wird am Bildschirm (in linearer Darstellung) sichtbar gemacht.

Wir als Programmierer brauchen nur die Problembeschreibung als Beitrag zur Problemlösung zu liefern. Wie wir wissen, erstellt der Inferenzmechanismus daraus die Lösung, indem er einen Ableitungssuchbaum konstruiert. Für den Anfänger ist es schwierig, dieses Konstruieren von Ableitungssuchbäumen zu verstehen. Aber er braucht dieses Verständnis, um Prolog zu verstehen. Dabei kann der Trace eine große Hilfe leisten.

Zum einen kann man sich für vorgegebene Beispielprogramme die zugehörigen Ableitungssuchbäume erstellen und damit den Programmablauf sichtbar machen lassen. So kann man insbesondere fremde Programme samt ihrem Ablauf besser nachvollziehen und daraus lernen.

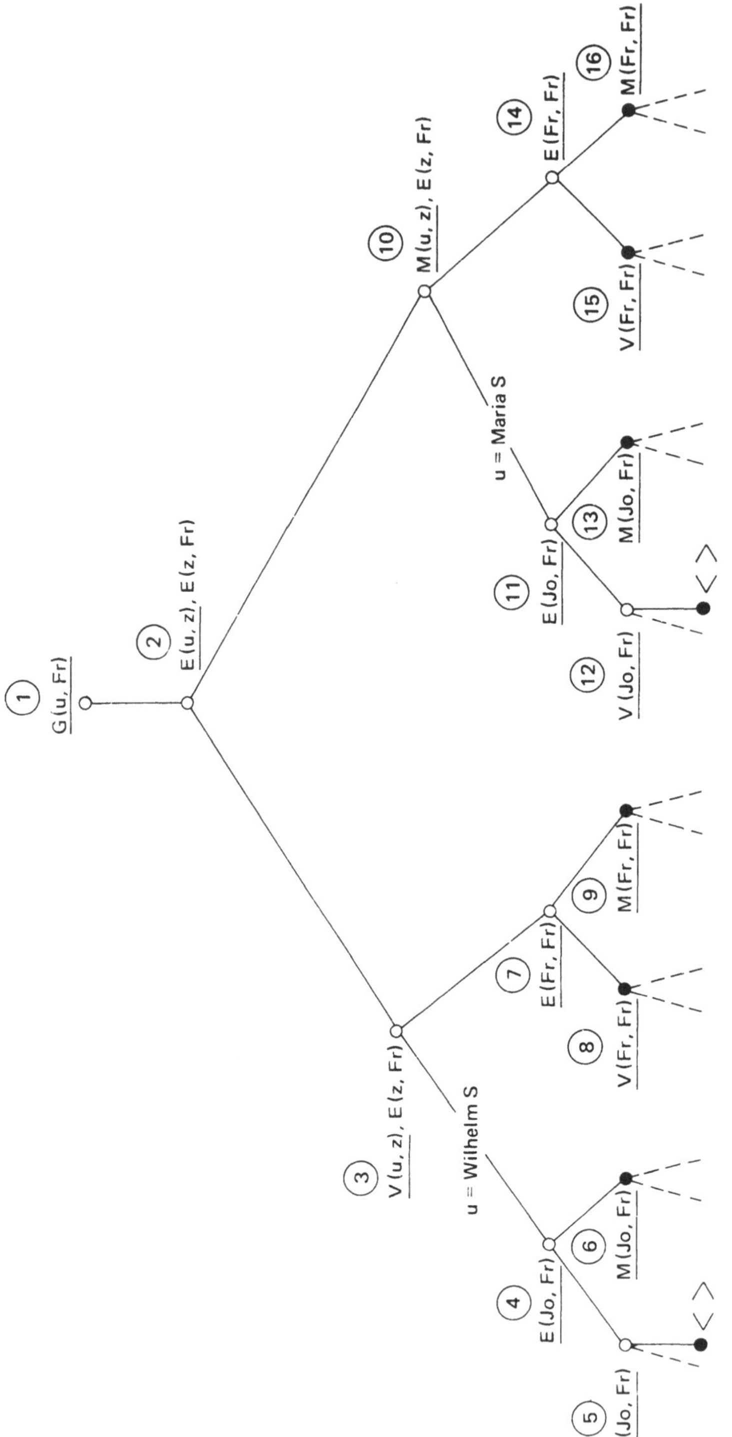

Bild 3-1 Ableitungssuchbaum für „Großelternteil (u, Franziska S)"

Zum anderen kann man sich für eigene Programme mit Hilfe des Trace anschauen, zu welchen Ableitungssuchbäumen die erstellten Problembeschreibungen führen. Insbesondere läßt sich überprüfen, ob tatsächlich die beabsichtigten (mehr oder weniger vorgeahnten oder vorgedachten) Ableitungssuchbäume entstehen. So wird man beim Test und der Fehlersuche häufig den Trace einsetzen.

4 Turbo Prolog

In diesem Kapitel werden die wichtigen Sprachelemente von Turbo Prolog behandelt.

Zunächst wird die Struktur von einfachen Programmen erklärt. Dann wird der bisherige Termbegriff erweitert. Dadurch gelangen wir zu komplexeren Datenstrukturen, insbesondere *Listen*. Im Zusammenhang damit steht der Begriff der *Rekursion*: zur Verarbeitung *rekursiver Objekte*, insbesondere von *Listen*, passen *rekursive Prädikate*.

Backtracking ist i.a. platz- und zeitaufwendig. Mit Hilfe des Sprachelements *Cut* kann der Programmierer das Backtracking einschränken.

Im Abschnitt "Arithmetik" wird gezeigt, wie man mit Turbo Prolog Rechenaufgaben löst.

Schließlich haben wir uns näher mit der Ein- und Ausgabe zu befassen.

4.1 Einfache Programme

Für einfache Programme wie das Stammbaumbeispiel aus dem letzten Kapitel wollen wir jetzt die Syntax genauer angeben.

Jedes einfache Konstantensymbol (wir sprechen auch einfach von "Konstante") gehört zu einem der sechs sogenannten Standard Domain-Typen in Turbo Prolog. Bisher haben wir zwei solcher Standard Domain-Typen kennengelernt (weitere folgen später): *symbol* und *integer*.

Eine Folge von Buchstaben (groß oder klein), Ziffern und Unterstrichen (_), die mit einem Kleinbuchstaben beginnt, ist eine *Konstante* vom Typ *symbol*. Zum Typ *symbol* gehören ferner Zeichenfolgen, die in Anführungszeichen eingeschlossen sind.

Beispiele: *turbo_prolog*
"E 605"

Gegenbeispiele: *Turbo_Prolog* (Großbuchstabe am Anfang)
turbo prolog (Leerzeichen)

Alle ganzen Zahlen zwischen -32 768 und 32 767 (einschließlich) sind *Konstanten* vom Typ *integer*.

Beispiel: *4711*

Gegenbeispiel: *4.711* (Der Punkt ist nicht erlaubt.)

Variablen sind Folgen von Buchstaben (groß oder klein), Ziffern und Unterstrichen, die mit einem Großbuchstaben oder Unterstrich beginnen.

Beispiele: *A*
Alles_neu_macht_der_Mai
McGraw_Hill

Gegenbeispiele: *1ter_Versuch* (Ziffer am Anfang)
erster_Versuch (Kleinbuchstabe am Anfang)
Letzter Versuch (Leerzeichen)

Konstanten und Variablen werden unter dem Oberbegriff *Objekte* zusammengefaßt.

Prädikatensymbole sind Zeichenfolgen von Buchstaben (groß oder klein), Ziffern und Unterstrichen, die mit einem Kleinbuchstaben beginnen.

Beispiele: *liebt*
ist_Vater_von

Ein *Fakt* hat die Form:
prädikatensymbol(objekt, ..., objekt).

Beispiele: *liebt(adam, eva).*
adresse(konrad, "Lausitzer Straße 33", "7080 Aalen").
sterblich(X).

Eine *Regel* hat die Form:
prädikatensymbol(objekt, ..., objekt) if
prädikatensymbol(objekt, ..., objekt) and ... and
prädikatensymbol(objekt, ..., objekt).
Anstelle der Schlüsselwörter "if" und "and" kann auch ":-" und "," stehen.

Beispiele: *sterblich(X) if menschlich(X).*
bruder(X,Y) if maennlich(Y) and elternteil(X,P) and
elternteil(Y,P) and X<>Y.
(<> ist ein dem Prolog-System schon von vorneherein bekanntes (ein eingebautes) Prädikatensymbol mit der Bedeutung "ungleich". Wir haben es gleichzeitig (aber außerhalb der Prolog-Syntax) als Symbol für das leere Teilproblem benutzt. Anstelle von "X<>Y" (Infix-Notation) könnte man auch "<>(X,Y)" schreiben.)

Fakten und Regeln werden unter dem Oberbegriff *Klauseln* zusammengefaßt.

Programme bestehen in Turbo Prolog aus mehreren *Programm-Abschnitten*, die jeweils durch ein Schlüsselwort gekennzeichnet sind. Normalerweise sind zumindest die Abschnitte *predicates* und *clauses* vorhanden.

Der Abschnitt *predicates* besteht aus sogenannten *Prädikat-Deklarierungen*, in denen für jedes einzelne Prädikat angegeben wird, aus welchem *Bereich* die Argumente (Objekte) an jeder einzelnen Stelle stammen dürfen. Dabei sind auch nullstellige Prädikate zugelassen (Beispiele später).

Eine *Prädikat-Deklarierung* hat die Form:
prädikatensymbol(bereich, ..., bereich) (ohne Punkt)

Beispiele: *bruder(symbol, symbol)*
kinderzahl(symbol, integer)

Bereiche können Standard Domain-Typen (wie hier) oder auch vom Programmierer definierte Bereiche (wie wir gleich sehen werden) sein.

Der Abschnitt *clauses* enthält das eigentliche Programm, die Klauseln, wobei alle Fakten und alle Regeln mit demselben Prädikatzeichen im Kopf hintereinander stehen müssen.

Beispiel: *predicates*

auto(symbol, integer, symbol, integer)

clauses

auto(bmw1600, 13, rot, 500).
auto(daf44, 9, grau, 1300).
auto(vw1303, 4, blau, 9000).

In der Deklarierung von *auto* stehen die Standard Domain-Typen *symbol*, *integer*, *symbol* und *integer* für die (vom Programmierer gedachten) inhaltlichen Bedeutungen Marke, Alter, Farbe und Preis.

Wenn wir dementsprechend eigene Bereiche definieren, wird das Programm besser verständlich. (Das wird sich erst recht bei größeren Programmen bemerkbar machen.) Dazu stellen wir einen Abschnitt *domains* voran, der aus *Domain-Deklarierungen* besteht. Jede Domain-Deklarierung vereinbart einen oder mehrere (neue) Bereiche. Sie hat die Form:

bereich, ..., bereich = d

Hierbei ist *d* ein Standard Domain-Typ, zu dem die Objekte in den neu eingeführten (benannten) Bereichen gehören sollen. Die Bereichsnamen sind Zeichenfolgen aus Buchstaben, Ziffern und Unterstrichen, die mit einem Buchstaben oder Unterstrich beginnen.

Unser Beispielprogramm erhält die Gestalt:

```
domains

marke, farbe = symbol
alter, preis = integer


predicates

auto(marke, alter, farbe, preis)


clauses

auto(bmw1600, 13, rot, 500).
auto(daf44, 9, grau, 1300).
auto(vw1303, 4, blau, 9000).
```

Wenn wir jetzt im Dialog-Fenster die Frage:

auto(bmw1600, 13, 500, rot).

stellen, so erhalten wir eine Domain-Fehlermeldung. Aufgrund der Domain- und der Prädikat-Deklarierung hat das System erkannt, daß zwei Objekte vertauscht wurden.

Die letzte Version unseres Autobeispiels zeigt die Grundstruktur eines Turbo Prolog-Programms: es besteht aus den Abschnitten *domains*, *predicates* und *clauses*.

Es kann noch einen weiteren Abschnitt, *goal*, enthalten. Anstatt den gesamten Dialog über das Dialog-Fenster ablaufen zu lassen, kann man hier eine Frage sozusagen fest einbauen. Wir wollen uns interessieren für alle Autos, die weniger als 2000 DM kosten. Wir bedienen uns des eingebauten Prädikats "<" (kleiner), das wir in der Infix-Notation verwenden.

Unser Programm erhält die Gestalt:

```
domains

marke, farbe = symbol
alter, preis = integer


predicates

auto(marke, alter, farbe, preis)


goal

auto(Marke, Alter, Farbe, Preis) and Preis < 2000.


clauses

auto(bmw1600, 13, rot, 500).
auto(daf44, 9, grau, 1300).
auto(vw1303, 4, blau, 9000).
```

Wie wir sehen, kann *and* nicht nur in Regeln, sondern auch in Fragen benutzt werden. Es handelt sich dann um sogenannte zusammengesetzte Fragen oder Goals. Wir starten den Ableitungssuchbaum eben nicht mit nur einem, sondern gleich mit mehreren Anfangsproblemen.

Angenommen, wir interessieren uns nur für das Alter und den Preis der Autos, d. h. wir wollen Marke und Farbe gar nicht wissen. Dann können wir unsere Frage auch folgendermaßen stellen:

auto(_, Alter, _, Preis) and Preis < 2000.

Anstelle der Variablen *Marke* und *Farbe* benutzen wir die sogenannte *anonyme Variable* "_". Die Antwort lautet:

Alter=13, Preis=500

Alter=9, Preis=1300

2 Solutions

Es wird also kein Wert für die anonyme Variable berechnet. Man braucht keine Variablennamen anzugeben, erhält aber auch keine Werte.

Durch *Kommentare* kann die Lesbarkeit eines Programms wesentlich erhöht werden. In Turbo Prolog beginnen Kommentare mit den Zeichen /*, und sie enden mit */. Der dazwischen liegende Text wird vom Compiler ignoriert.

Wir formulieren unser Stammbaumbeispiel in Turbo Prolog und fügen dabei Kommentare ein.

```
/* Franziska's Vorfahren */

domains     /* Domain-Deklarierung */

person = symbol
berufsbezeichnung = symbol
anzahl = integer


predicates     /* Prädikat-Deklarierung */

vater(person, person)
mutter(person, person)
beruf(person, berufsbezeichnung)
kinderzahl(person, anzahl)
elternteil(person, person)
grosselternteil(person, person)
```

```
clauses      /* Klauseln (eigentliches Programm) */

vater(wilhelm_s, josef_s).
vater(josef_s, franziska_s).

mutter(maria_s, josef_s).
mutter(anna_s, franziska_s).

beruf(wilhelm_s, bauer).
beruf(josef_s, schweinehaendler).

kinderzahl(maria_s, 8).
kinderzahl(anna_s, 7).

elternteil(X,Y) if              /* X ist ein Elternteil von Y, wenn */
    vater(X,Y).                 /* X Vater von Y ist. */
elternteil(X,Y) if              /* X ist ein Elternteil von Y, wenn */
    mutter(X,Y).                /* X Mutter von Y ist. */

grosselternteil(X,Y) if         /* X ist Großelternteil von Y, wenn */
    elternteil(X,Z) and         /* X ein Elternteil von Z und */
    elternteil(Z,Y).            /* Z ein Elternteil von Y ist. */
```

4.2 Terme

Bisher konnten unsere Terme nur Konstanten oder Variablen sein. Wir haben sie auch als Objekte bezeichnet. Jetzt soll der Termbegriff erweitert werden. Wir erhalten damit komplexere Datenstrukturen, die in der nicht-numerischen Datenverarbeitung eine große Rolle spielen. *Listen* haben dabei eine besondere Bedeutung.

4.2.1 Zusammengesetzte Objekte

Zusammengesetzte Objekte sind neue, komplexe Objekte, die aus einfacheren Objekten, den Komponenten, aufgebaut sind. Dabei bildet ein zusammengesetztes Objekt für sich eine Einheit, ist ein Term. Unifizierung und Domain-Deklarierung sind entsprechend zu erweitern.

Betrachten wir als Beispiel die Buchkarten in einer Leihbücherei. Eine Karte enthält als Komponenten den Autor, Titel, Erscheinungsjahr, usw. Komponenten können wiederum aus Unterkomponenten bestehen. Autor z.B. hätte die Komponenten Vorname und Name.

Zusammengesetzte Objekte lassen sich anschaulich in Baumform darstellen.

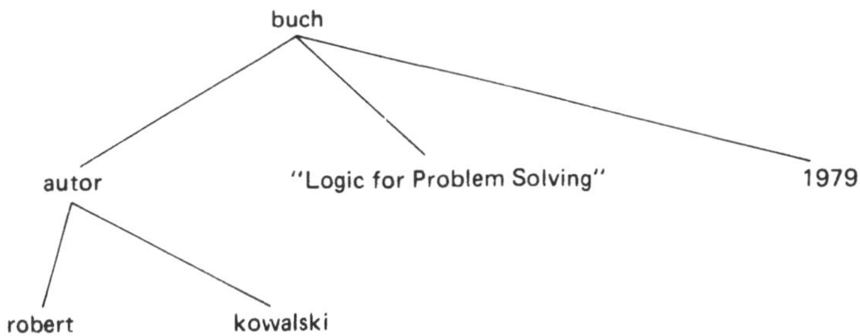

Bild 4-1 Darstellung eines zusammengesetzten Objekts in Baumform

Dieser Baum stellt das Objekt:

buch(autor(robert, kowalski), "Logic for Problem Solving", 1979)

dar. Es hat den *Funktor* (das *Funktionssymbol*) *buch* und die drei Komponenten *autor(robert, kowalski)*, *"Logic for Problem Solving"* und *1979*. Die erste Komponente ist selbst ein zusammengesetztes Objekt mit dem Funktor *autor* und den Komponenten *robert* und *kowalski*.

Mit komplexeren Objekten wird natürlich auch die Unifizierung komplexer. Angenommen, unser Programm enthält den Fakt:

besitzt(hans, buch(autor(robert, kowalski), "Logic for PS",1979)).

Das Goal:

besitzt(hans,X).

liefert die Antwort:

X=buch(autor(robert, kowalski), "Logic for PS", 1979)

Eine Variable kann mit einem beliebigen Term unifiziert werden.

Auf die Frage:

besitzt(hans, buch(autor(X,Y), "Logic for PS", 1979)).

erhalten wir als Antwort den Namen des Autors von "Logic for PS":

X=robert, Y=kowalski

buch(autor(robert, kowalski), "Logic for PS", 1979) und *buch(autor(X,Y), "Logic for PS", 1979)* wurden folgendermaßen unifiziert:

Die beiden Terme haben denselben Funktor, nämlich *buch*. Jetzt müssen noch die einander entsprechenden Unterterme *autor(robert, kowalski)* und *autor(X,Y)*, *"Logic for PS"* und *"Logic for PS"* und *1979* und *1979* unifiziert werden. *autor(robert, kowalski)* und *autor(X,Y)* haben denselben Funktor. Also brauchen nur noch *robert* und *X* bzw. *kowalski* und *Y* unifiziert werden. Das ist aber kein Problem, da Variablen beliebig ersetzt werden dürfen. *"Logic for PS"* und *"Logic for PS"* sind aber schon gleich und damit unifiziert, ebenso *1979* und *1979*.

Wollen wir mit:

besitzt(hans, buch(autor(_, kowalski), X, _)).

den Titel des Buches von Kowalski (das Hans besitzt) wissen, so lautet die Antwort:

X=Logic for PS

Auch die Domain-Deklarierung ist zu erweitern. Dazu betrachten wir nochmals den Termbaum:

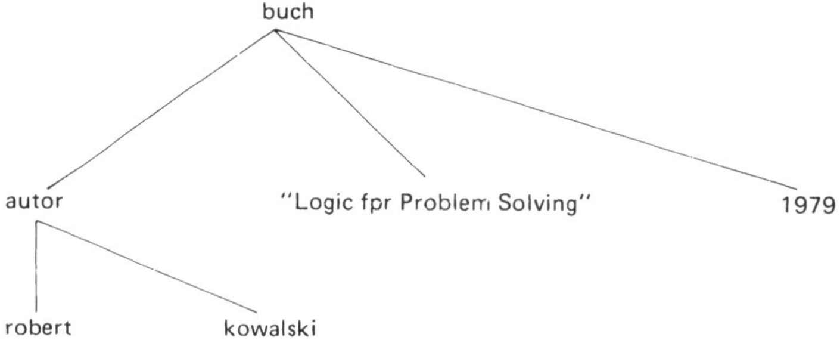

Bild 4-2 Darstellung eines zusammengesetzten Objekts in Baumform

Jeder Verzweigungsknoten stellt ein zusammengesetztes Objekt dar, wobei die Wurzel das Gesamtobjekt repräsentiert. Die Blätter (Spitzen) des Baumes entsprechen unseren früheren einfachen Objekten. Für jeden Verzweigungsknoten, nicht nur für die Wurzel, ist eine Domain-Deklarierung anzugeben. Jede solche Domain-Deklarierung nennt nur die Komponenten des dem Knoten entsprechenden Objekts, nicht etwa Unterkomponenten. Dadurch sind in den Domain-Deklarierungen für zusammengesetzte Objekte - im Gegensatz zu den zusammengesetzten Objekten selbst - keine Schachtelungen möglich. Es wird immer nur die nächsttiefere Baumebene beschrieben. Zur Beschreibung eines Bereichs zusammengesetzter Objekte braucht man i.a. mehrere Domain-Deklarierungen.

Wir haben hier zwei Domain-Deklarierungen für zusammengesetzte Objekte hinzuschreiben:

domains

buch = buch(autor, symbol, integer)
autor = autor(symbol, symbol)

Es wird also ein Bereich *buch* (linke Seite) vereinbart, dessen Objekte aus drei Komponenten bestehen (rechte Seite). Dabei ist die zweite Komponente immer ein Objekt vom Standard Domain-Typ *symbol* und die dritte vom Standard Domain-Typ *integer*. Die erste Komponente gehört zum Bereich *autor*. Da dieser Bereich wiederum zusammengesetzte Objekte beinhaltet, ist eine zweite Domain-Deklarierung nötig. Sie besagt, daß Objekte aus dem Bereich *autor* zwei Komponenten haben, die einfache Objekte vom Standard Domain-Typ *symbol* sind.

Um die Lesbarkeit zu erhöhen, führen wir für die einfachen Objekte die Bereiche *titel*, *erscheinungsjahr*, *vorname* und *name* ein. Das erfordert zwei zusätzliche Domain-Deklarierungen von der Art, wie wir sie von früher kennen. Wir erhalten folgenden *domains*-Abschnitt:

domains

buch = buch(autor, titel, erscheinungsjahr)
autor = autor(vorname, name)
titel, vorname, name = symbol
erscheinungsjahr = integer

Im zugehörigen *predicates*-Abschnitt:

predicates

besitzt(symbol, buch)

erscheint in der Prädikat-Deklarierung für *besitzt* der Bereichsname *buch*. Das entspricht der Interpretation, daß alle Objekte, die Hans nur besitzen kann, zum Bereich *buch* gehören.

Wir wollen diese Interpretation erweitern. Wir wollen zulassen, daß Hans auch Sparbücher und ein Auto besitzen kann. Dann brauchen wir einen Bereich, dessen Objekte eben Bücher oder Sparbücher oder auch ein Auto sein können. Dazu benötigen wir eine Domain-Deklarierung, die zusammengesetzte Objekte verschiedener Art unter einem Namen zusammenfaßt.

Durch die Domain-Deklarierung:

```
artikel = buch(autor, titel, erscheinungsjahr);
          sparbuch(betrag);
          auto
```

führen wir den Bereich *artikel* ein, der durch eine Zusammenfügung von drei Teilbereichen entsteht. Der erste Teilbereich umfaßt die Bücher. Sparbücher sind zusammengesetzte Objekte mit einer Komponente *betrag*, die den angesparten Geldbetrag angeben soll. Der Bereich *auto* enthält nur ein Objekt namens *auto*.

Wir betten diese Domain-Deklarierung in ein Programm ein:

```
/* Hansens Besitztümer */

domains

artikel = buch(autor, titel, erscheinungsjahr); sparbuch(betrag);
          auto

/* Der Bereich artikel umfaßt Bücher, Sparbücher und Autos, wobei
   buch die Komponenten autor, titel und erscheinungsjahr,
   sparbuch eine Komponente betrag und auto keine Komponenten
   hat. (auto steht für ein einzelnes einfaches Objekt.) */

autor = autor(vorname, name)
```

/ autor hat die Komponenten vorname und name. */*

titel, vorname, name = symbol

/ Die Bereiche titel, vorname und name sind vom Standard Domain-Typ symbol. */*

erscheinungsjahr, betrag = integer

/ Die Bereiche erscheinungsjahr und betrag sind vom Standard Domain-Typ integer. */*

person = symbol

predicates

besitzt(person, artikel)

/ Das Prädikat besitzt hat zwei Argumente, deren Werte aus den Bereichen person und artikel stammen müssen. */*

clauses

besitzt(hans, buch(autor(robert, kowalski), "Logic for PS",1979)).
besitzt(hans, sparbuch(1000)).
besitzt(hans, sparbuch(1)).
besitzt(hans, auto).

Auf die folgenden Fragen würden wir folgende Antworten erhalten:

Frage:

besitzt(hans, Was). (Was besitzt Hans?)

Antwort:

Was=buch(autor(robert, kowalski), "Logic for PS", 1979)

Was=sparbuch(1000)

Was=sparbuch(1)

Was=auto

Frage:

besitzt(hans, buch(autor(_, Name), "Logic for PS", 1979)).

(Wie heißt der Autor des Buches "Logic for PS" (das Hans besitzt), Erscheinungsjahr 1979, mit Nachnamen?)

Antwort:

Name=kowalski

Frage:

besitzt(hans, sparbuch(X)).

(Welche Beträge hat Hans auf seinen Sparbüchern?)

Antwort:

X=1000

X=1

Wir wollen zusammenfassen und Definitionen angeben.

Definitionen

Terme

1) Jede Konstante ist ein *Term*.
2) Jede Variable ist ein *Term*.
(D.h. die bisherigen Objekte sind jedenfalls Terme.)
3) Wenn $term_1$, ..., $term_n$ Terme sind und *funktor* ein Funktor ist, dann ist auch *funktor*($term_1$, ..., $term_n$) ein *Term*.
(D.h. die neuen zusammengesetzten Objekte sind auch Terme.)

Ein *Funktor* ist dabei (wie ein Prädikatensymbol) eine Zeichenfolge aus Buchstaben, Ziffern und Unterstrichen, die mit einem Kleinbuchstaben beginnt.

Domain-Deklarierung für zusammengesetzte Objekte

Eine *Domain-Deklarierung für zusammengesetzte Objekte* hat die Form:

bereich = funktor(bereich, ...,bereich); ...;
funktor(bereich, ..., bereich)

bereich steht für Bereichsnamen (explizit definiert oder Standard Domain-Typ); *funktor* steht für Funktoren, die auch alleine (ohne Bereichsangaben, nullstellig) vorkommen können. Ein nullstelliger Funktor stellt ein einzelnes einfaches Objekt dar.

Unifizierung von zusammengesetzten Objekten

Zwei *zusammengesetzte Objekte* sind *unifizierbar*, wenn gilt:

1) Sie haben denselben Funktor mit derselben Stellenzahl.
2) Je zwei Unterterme an entsprechenden Stellen sind unifizierbar.

Hierbei handelt es sich um eine *rekursive Definition*, da bei der Definition des Begriffs der Unifizierbarkeit auf diesen Begriff selbst zurückgegriffen wird. Es handelt sich aber dennoch nicht um eine Zirkeldefinition, da sich der Rückgriff auf Unterterme, also echt kleinere Teilterme, bezieht. So erhalten wir nach endlich vielen Schritten die Situation, daß wenigstens einer der beiden Unterterme eine Variable oder eine Konstante (also ein einfaches Objekt) ist.

Eine Variable ist aber mit jedem beliebigen anderen Term unifizierbar (für die Variable wird der andere Term eingesetzt).

Für eine Konstante sind folgende Fälle zu unterscheiden:

a) Der andere Term ist auch eine Konstante.
   Die beiden Terme sind nur dann unifizierbar, wenn es sich um ein und dieselbe Konstante handelt.
   (Die beiden Terme sind schon von vorneherein gleich oder nicht unifizierbar.)
b) Der andere Term ist eine Variable.
   Die beiden Terme sind unifizierbar.
   (Für die Variable wird die Konstante eingesetzt.)
c) In allen anderen Fällen sind die beiden Terme nicht unifizierbar.

4.2.2 Rekursive Objekte

Wir haben vorhin die Unifizierbarkeit von zusammengesetzten Objekten durch eine rekursive Definition beschrieben. Dabei konnten die Terme beliebig tief geschachtelt sein, die zugehörigen Bäume beliebig viele Ebenen haben. Durch das Mittel der Rekursion gelang eine endliche und sogar sehr kompakte Beschreibung. Wir benutzen jetzt die Rekursion zur Definition von Objekten. Dabei behandeln wir rekursive Objekte nur soweit, als sie zur Vorbereitung des wichtigeren Listenbegriffs nützlich sind.

Betrachten wir als Beispiel die Klassenlisten einer Schule. Jede einzelne Klassenliste wollen wir als einen Term, als zusammengesetztes Objekt, auffassen. Die Listen sollen beliebig lang sein können; wir kennen ihre Längen nicht von vorneherein.

Wir definieren einen Bereich für diese Objekte:

domains

klassenliste = klasse(name, klassenliste); leer
name = symbol

In dieser Domain-Deklarierung ist *klassenliste* der neu einzuführende Bereich, auf den in der rechten Seite (Rekursion!) zurückgegriffen wird; *klasse* ist ein zweistelliger Funktor; der nullstellige Funktor *leer* steht für die leere Klassenliste (Abbruchbedingung!).

Ein Objekt gehört dann zum Bereich *klassenliste*, wenn eine der beiden folgenden Bedingungen erfüllt ist. Entweder ist es ein zusammengesetztes Objekt mit dem Funktor *klasse* und zwei Komponenten. Die erste Komponente gehört dabei zum Bereich *name*, die zweite zum Bereich *klassenliste*. Oder es ist das Objekt *leer*.

Folgende Objekte gehören also zum Bereich *klassenliste*:

leer
klasse(peter, leer)
klasse(peter, klasse(fritz, leer))
klasse(peter, klasse(fritz, klasse(martin, leer)))
usw.

keine Schüler
nur Peter
Peter und Fritz
Peter, Fritz und Martin
usw.

4.2.3 Listen

Listen sind spezielle rekursive Objekte und die wichtigste Datenstruktur in Prolog.

Für Listen gibt es eine besonders einfache Darstellung. Die Klassenliste von vorhin schreibt sich schlicht als

[peter, fritz, martin]

Die Elemente einer Liste werden - durch Komma getrennt - in eckige Klammern eingeschlossen. Zu einem Bereich von Listen gehört eine Domain-Deklarierung folgender Form:

domains

*objektliste = objekt**
objekt = ...

Für unsere Namensliste etwa:

domains

*namensliste = name**
name = symbol

Der Stern bedeutet, daß die Liste aus beliebig vielen (einschließlich Null) Elementen bestehen kann. Alle Elemente einer Liste (die selbst auch wieder Listen sein können) müssen zu demselben Bereich gehören.

Durch:

domains

*integerliste = integer**

wird z.B. ein Bereich von Zahlenlisten definiert.

Eine Liste ist entweder die leere Liste, geschrieben als *[]*, oder sie besteht aus zwei Teilen, dem Kopf und dem Körper. Die Liste *[1,2,3]* hat den Kopf *1* und den Körper *[2,3]*, d. h. der Kopf ist das erste Element und der Körper ist die Restliste (vgl. das Beispiel *klassenliste* aus 4.2.2).

Wenn wir vorübergehend den Punkt als Funktor für Listen (als zusammengesetzte Objekte) wählen (wie das in Standard Prolog der Fall ist), schreibt sich unsere Liste auch als:

.(1, [2,3]) oder

.(1, .(2, [3])) oder

.(1, .(2, .(3, [])))

Anstelle des Funktors "." benutzt man zur besseren Lesbarkeit ":" in Infix-Schreibweise mit eckigen Klammern. (Tatsächlich benutzt Turbo Prolog einen senkrechten, in der Mitte unterbrochenen Strich, den wir in diesem Buch aus drucktechnischen Gründen durch den Doppelpunkt ersetzen.)

Statt *.(1, [2,3])* schreiben wir also:

[1:[2,3]]

Die beiden Terme:

[1,2,3] (d. h. *[1:[2.3]]*) und *[X:Y]*

werden durch:

X=1, Y=[2,3]

unifiziert.

Diese Unifizierung liefert die beiden Komponenten der Liste, die ja ein zusammengesetztes Objekt ist, wobei die Komponenten Kopf und Körper heißen.

Wir haben in Turbo Prolog also zwei Möglichkeiten, Listen darzustellen. Wir können einmal den zweistelligen Funktor ":" in Infix-Notation mit eckigen Klammern verwenden. Das entspricht der Darstellung rekursiver Objekte, wobei der Funktor erstes Element und Restliste trennt. Zweitens können wir die Elemente einer Liste innerhalb von eckigen Klammern - durch Komma getrennt - aufzählen.

Zur Festigung des Listenbegriffs wollen wir noch einige weitere Beispiele zur Zerlegung von Listen in Kopf und Körper und zur Unifizierung von zwei Listen angeben.

Liste	Kopf	Körper
[a,ab,c]	*a*	*[ab,c]*
[1]	*1*	*[]*
[[1,2]]	*[1,2]*	*[]*
[[1,2],[3,4]]	*[1,2]*	*[[3,4]]*
[[1,2],[3,4],[]]	*[1,2]*	*[[3,4],[]]*
[]	nicht def.	nicht def.

Liste 1	Liste 2	Unifizierung
[du,esel]	*[X:[esel]]*	*X=du*
[du,esel]	*[du:X]*	*X=[esel]*
[du,esel]	*[X:Y]*	*X=du, Y=[esel]*
[du,bist,ein,esel]	*[X:Y]*	*X=du, Y=[bist,ein,esel]*
[du,bist,ein,esel]	*[X:_]*	*X=du*
[du,bist,ein,esel]	*[_:Y]*	*Y=[bist,ein,esel]*
[esel]	*[X:Y]*	*X=esel, Y=[]*
[[du,esel]]	*[X:Y]*	*X=[du,esel], Y=[]*
[X,esel]	*[du:Y]*	*X=du, Y=[esel]*
[ich,esel]	*[du:Y]*	nicht unifizierbar
[ich,esel]	*[X,Y]*	*X=ich, Y=esel*
[X,Y]	*[ich:[esel]]*	*X=ich, Y=esel*
[ich,Y]	*[X,esel]*	*X=ich, Y=esel*

4.3 Rekursion

Die Rekursion ist uns schon begegnet bei den Termen. Aber nicht nur dort ist sie ein wichtiges Konzept, sondern auch bei den Prädikaten. Insbesondere zur Verarbeitung von Listen bieten sich rekursive Regeln geradezu an.

4.3.1 Rekursive Prädikate

Wir erweitern unser Stammbaumbeispiel und erläutern dabei den Begriff des rekursiven Prädikats.

Zunächst stellen wir den Stammbaum der Franziska S in Baumform dar.

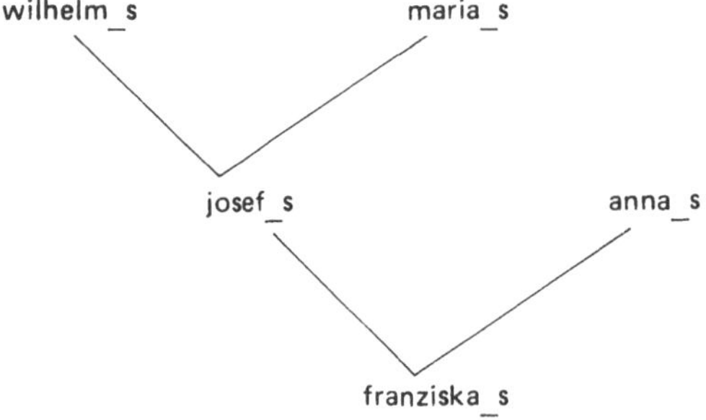

Bild 4-3 Ausschnitt der Ahnentafel von Franziska S. in Baumform

Wir führen ein Prädikat *vorfahr(X,Y)* ein, das immer dann zutreffen soll, wenn X ein Vorfahr von Y ist.

Der einfachste Fall ist der, daß X ein Elternteil von Y ist. Die nächste Möglichkeit wäre, daß X ein Großelternteil von Y ist, die nächste, daß X ein Urgroßelternteil von Y ist, usw. Der Weg von X nach Y kann beliebig lang sein. Aber zwischen je zwei benachbarten Elementen auf diesem Weg besteht die Eltern-Beziehung. Wir können uns sozusagen von jedem beliebigen X über die Eltern-Beziehung zu jedem beliebigen Y "durchhangeln", sofern X ein Vorfahr von Y ist.

Das Prädikat *vorfahr* wird durch folgende Klauseln beschrieben:

vorfahr(X,Y) if elternteil(X,Y).
vorfahr(X,Y) if elternteil(X,Z) and vorfahr(Z,Y).

Die erste Klausel ist die sogenannte *Abbruchbedingung*. Die zweite enthält den *rekursiven Aufruf*: *vorfahr* kommt auf der rechten Seite wieder vor, allerdings - das ist wesentlich - mit anderen Argumenten (als verkürztes Problem, echtes Teilproblem).

Jedes *rekursive Prädikat* umfaßt mindestens zwei Klauseln: eine Abbruchbedingung und einen rekursiven Aufruf. Die Abbruchbedingung verhindert die sonst zwangsläufige unendliche Schleife. Im allgemeinen sollte sie - wie in unserem Beispiel - vor dem rekursiven Aufruf stehen. Der rekursive Aufruf reduziert ein Problem i.a. auf ein kleineres Teilproblem.

Zur weiteren Verdeutlichung skizzieren wir den Ableitungssuchbaum für das Goal:

vorfahr(wilhelm_s, franziska_s).

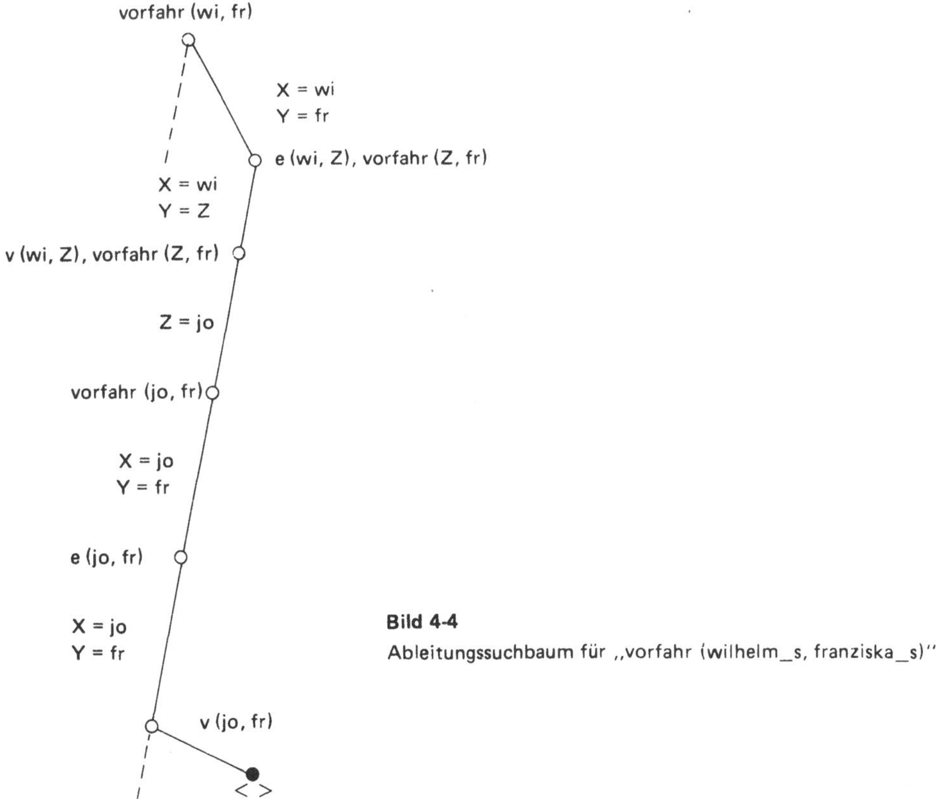

Bild 4-4
Ableitungssuchbaum für „vorfahr (wilhelm_s, franziska_s)"

Jede gestrichelte Linie steht für eine eventuell mögliche, weitere Regelanwendung, die aber letztendlich nicht zu einer Lösung führt.

Mit dem Prädikat *vorfahr* können wir prüfen, ob und für welche Paare die Beziehung besteht. Wir würden aber gerne darüberhinaus den zugehörigen Zweig im Stammbaum, die absteigende Linie der Vorfahren, als Ausgabe haben. Dazu definieren wir ein weiteres Prädikat *vorfahren_zweig(X,Y,L)*, das für den Vorfahr X von Y in der Liste L (die zunächst als rekursives Objekt vereinbart wird) alle Vorfahren auf dem Zweig von X bis Y enthält:

```
vorfahren_zweig(X,Y,vor(X,vor(Y,leer))) if elternteil(X,Y).
vorfahren_zweig(X,Y,vor(X,L)) if elternteil(X,Z) and
                                 vorfahren_zweig(Z,Y,L).
```

Dazu gehört die Domain-Deklarierung:

```
vorfahrenliste = vor(name, vorfahrenliste); leer
name = symbol
```

und die Prädikat-Deklarierung:

```
vorfahren_zweig(name, name, vorfahrenliste)
```

Auf die Frage:

```
vorfahren_zweig(wilhelm_s, franziska_s, L).
```

(Wie heißt die Liste der Vorfahren auf dem Zweig von Wilhelm S nach Franziska S ?)

erhalten wir die Antwort:

L=vor(wilhelm_s,vor(josef_s,vor(franziska_s,leer)))

Mit der Listennotation wird es übersichtlicher:

```
vorfahren_zweig(X,Y,[X,Y]) if elternteil(X,Y).
vorfahren_zweig(X,Y,[X:L]) if elternteil(X,Z) and
                              vorfahren_zweig(Z,Y,L).

vorfahrenliste = name*
name = symbol

vorfahren_zweig(name, name, vorfahrenliste)
```

Auf die Frage:

vorfahren_zweig(wilhelm_s, franziska_s, L).

lautet die Antwort:

L=[wilhelm_s, josef_s, franziska_s]

Zum Abschluß notieren wir das vollstängige Stammbaumprogramm.

```
/* Franziska's Vorfahren */

domains

person, berufsbezeichnung = symbol
anzahl = integer
vorfahrenliste = name*
name = symbol


predicates

vater(person, person)
mutter(person, person)
beruf(person, berufsbezeichnung)
kinderzahl(person, anzahl)
elternteil(person, person)
grosselternteil(person, person)
vorfahr(name, name)
vorfahren_zweig(name, name, vorfahrenliste)


clauses

vater(wilhelm_s, josef_s).
vater(josef_s, franziska_s).

mutter(maria_s, josef_s).
mutter(anna_s, franziska_s).

beruf(wilhelm_s, bauer).
beruf(josef_s, schweinehaendler).
```

```
kinderzahl(maria_s, 8).
kinderzahl(anna_s, 7).

elternteil(X,Y) if vater(X,Y).
elternteil(X,Y) if mutter(X,Y).

grosselternteil(X,Y) if elternteil(X,Z) and elternteil(Z,Y).

vorfahr(X,Y) if elternteil(X,Y).
vorfahr(X,Y) if elternteil(X,Z) and vorfahr(Z,Y).

vorfahren_zweig(X,Y,[X,Y]) if elternteil(X,Y).
vorfahren_zweig(X,Y,[X:L]) if elternteil(X,Z) and
                              vorfahren_zweig(Z,Y,L).
```

4.3.2 Rekursion und Listen

Anhand von zwei typischen, häufig zitierten Beispielen wollen wir zeigen, wie Listen mittels rekursiver Prädikate verarbeitet werden.

Das Prädikat *member(X,L)* trifft zu, wenn X Element der Liste L ist.

```
domains

zahlenliste = integer*


predicates

member(integer, zahlenliste)


clauses

member(Zahl, [Zahl:_]).
member(Zahl, [_:Koerper]) if member(Zahl, Koerper).
```

Die erste Klausel, die Abbruchbedingung, bedeutet: Eine Zahl ist dann Element einer Zahlenliste, wenn sie der Kopf dieser Liste ist. Die

Rekursionsbedingung sagt aus, daß eine Zahl (zweitens) Element einer Zahlenliste ist, wenn sie Element des Körpers (der Restliste ohne das erste Element) ist.

Auf die Frage:

member(X,[1,2,3,4]).

lautet die Antwort:

X=1

X=2

X=3

X=4

Denn es ergibt sich folgender Ableitungssuchbaum:

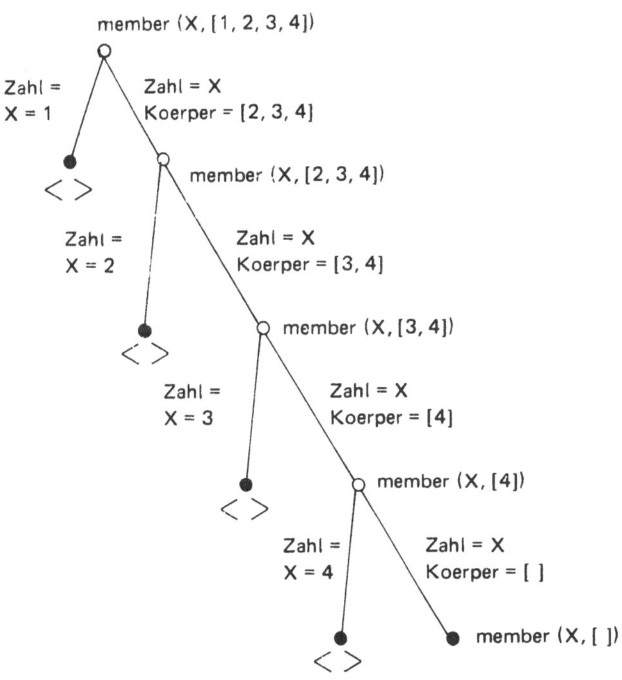

Bild 4-5 Ableitungssuchbaum für „member (X, [1, 2, 3, 4])"

Das Prädikat *append(L1,L2,L3)* trifft zu, wenn die Liste L3 durch Aneinanderhängen der Listen L1 und L2 entsteht.

```
domains

namensliste = name*
name = symbol

predicates

append(namensliste, namensliste, namensliste)

clauses

append([ ],L,L).
append([X:L1],L2,[X:L3]) if append(L1,L2,L3).
```

Die erste Klausel, die Abbruchbedingung, besagt: Wenn man die leere Liste und eine beliebige Liste L hintereinanderschreibt, so bleibt das die Liste L. Die Rekursionsbedingung bedeutet: Wenn man durch Aneinanderhängen von L1 und L2 die Liste L3 erhält, so erhält man auch die Liste mit dem Kopf X und dem Körper L3, indem man die Liste L2 hinter die Liste mit dem Kopf X und dem Körper L1 hängt.

Je nach dem, wie man die drei Argumente mit Variablen und Konstanten belegt, ergeben sich verschiedene Interpretationen für die Wirkungsweise von *append*.

a) Wenn an allen drei Argumentplätzen konkrete Listen stehen, testet *append*, ob die dritte Liste die Zusammensetzung der ersten beiden ist (*Test einer Relation*).

   Beispiel:

   Auf die Frage:

```
append([sehr,geehrte],[damen,und,herren],
       [sehr,geehrte,damen,und,herren]).
```

   antwortet Turbo Prolog:

True

b) Wenn einer der drei Argumentplätze mit einer Variablen und die beiden anderen mit konkreten Listen belegt sind, berechnet *append* die dritte Liste (*Berechnung einer Funktion*).

Beispiel:

Auf die Frage:

append([sehr,geehrte],L,[sehr,geehrte,damen,und,herren]).

antwortet Turbo Prolog:

L=[damen,und,herren]

c) Wenn die beiden ersten Argumentplätze mit Variablen und der dritte mit einer konkreten Liste belegt ist, generiert *append* alle Paare von Listen, die -aneinandergehängt- die dritte Liste ergeben (*Generierung einer Relation*).

Beispiel:

Die Frage:

append(L1,L2,[sehr,geehrte,damen,und,herren]).

wird mit:

L1=[] L2=[sehr,geehrte,damen,und,herren]

L1=[sehr] L2=[geehrte,damen,und,herren]

L1=[sehr,geehrte] L2=[damen,und,herren]

L1=[sehr,geehrte,damen] L2=[und,herren]

L1=[sehr,geehrte,damen,und] L2=[herren]

L1=[sehr,geehrte,damen,und,herren] L2=[]

beantwortet.

4.3.3 Rekursion und Endlosschleifen

Aufgrund der Art und Weise, in der die Ableitungssuchbäume konstruiert werden, d. h. aufgrund des Backtracking-Verfahrens kann es bei rekursiven Prädikaten zu Endlosschleifen kommen.

Betrachten wir nochmals das Prädikat *vorfahr*:

vorfahr(X,Y) if vorfahr(Z,Y) and elternteil(X,Z).
vorfahr(X,Y) if elternteil(X,Y).

Gegenüber früher haben wir die Reihenfolge der Klauseln getauscht. Außerdem haben wir *elternteil(X,Z)* und *vorfahr(Z,Y)* in der Rekursionsbedingung getauscht.

Wenn wir jetzt wieder einen Ableitungssuchbaum für das Goal:

vorfahr(wilhelm_s, franziska_s).

konstruieren wollen, passiert folgendes:

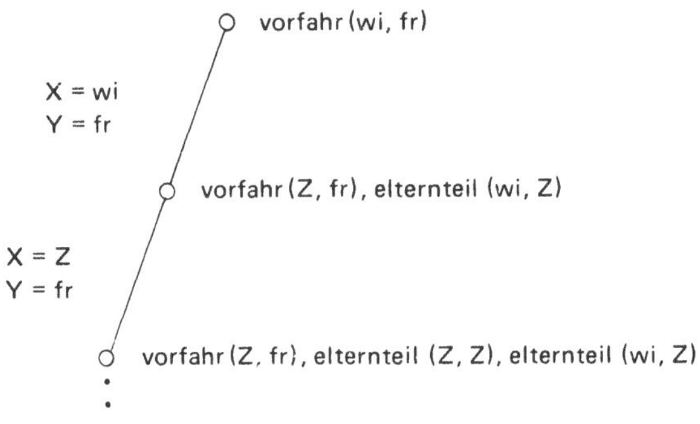

Bild 4-6 Ableitungssuchbaum für „vorfahr (wi, fr)"

Wir starten also mit unserem Anfangsproblem "vorfahr(wi,fr)". Der Backtracking-Mechanismus schreibt vor, daß wir die Ableitungsregel mit der ersten der beiden Klauseln durchzuführen haben und somit zunächst den linken Zweig verfolgen müssen. Das führt auf die beiden Teilprobleme "vorfahr(Z,fr)" und "elternteil(wi,Z)". Wir haben zunächst das erste davon anzugehen. Wiederum ist die Ableitungsregel mit der ersten der beiden *vorfahr*-Klauseln durchzuführen. Das liefert die Teilprobleme "vorfahr(Z,fr)" und "elternteil(Z,Z)". Damit ist folgende Situation entstanden: Das (als nächstes) zu lösende Teilproblem ist dasselbe wie im vorherigen Schritt. Dabei ist die Ableitungsregel mit derselben Klausel durchzuführen. Die Anwendung der Ableitungsregel hat also ein altes Teilproblem als neues aktuelles Teilproblem reproduziert. Diese Situation wird sich ewig wiederholen. Es liegt eine *Endlosschleife* vor.

Nun ist aber unsere frühere Formulierung des Prädikats *vorfahr* sicherlich logisch äquivalent zu der jetzigen. Denn die vorgenommenen Vertauschungen können offensichtlich nicht die Bedeutung verändern. Für die frühere Formulierung hat - bei demselben Anfangsproblem - der Ableitungssuchbaum jedoch zu einer Lösung geführt. Wieso kommt es jetzt zu einer Endlosschleife?

Aufgrund des verwendeten Backtracking-Verfahrens bei der Konstruktion des Ableitungssuchbaumes wird bei Verzweigungsknoten stets zuerst der linke Zweig verfolgt. Das bedeutet, daß zur Anwendung der Ableitungsregel zunächst immer die erste von mehreren möglichen Klauseln benutzt wird. Dabei ist das aktuell zu lösende Teilproblem jeweils das am weitesten links stehende, d.h. das zuletzt aufgetretene. In unserem Fall ist - bei dem Prädikat *vorfahr* - die erste zu benutzende Klausel die Rekursionsbedingung, die immer wieder das Teilproblem "vorfahr(Z,fr)" reproduziert. So marschieren wir immer weiter nach links ohne jemals anzuhalten.

Bei der Formulierung von rekursiven Prädikaten müssen wir also darauf achten, daß wir Endlosschleifen vermeiden. Dazu genügt es nicht sicherzustellen, daß keine logischen Fehler vorkommen. Vielmehr muß die Konstruktion des Ableitungssuchbaumes im zeitlichen Ablauf mit bedacht werden.

4.4 Cut

Das eingebaute Prädikat namens Cut wird benutzt, um die Konstruktion von Ableitungssuchbäumen zu beeinflussen. Mit Hilfe des Cut - und nur durch ihn - kann der Programmierer den Backtracking-Mechanismus einschränken und damit gegebenenfalls Zeit und Platz sparen.

Die eingebauten Prädikate *fail* und *not* spielen eine Rolle bei der Verwendung des Cut und werden in diesem Zusammenhang eingeführt, haben aber auch ihre eigenständige Bedeutung.

Anhand eines Beispiels soll zunächst die Verwendung und die Wirkung des Cut gezeigt werden.

```
.
.
.
delegiere(Arbeit, Zeit, Mitarbeiter, Ort, Beruf, Qualifikation) if
        einsatzort(Mitarbeiter, Ort) and
        ausbildung(Mitarbeiter, Beruf) and
        qualifiziert(Mitarbeiter, Qualifikation) and
        verfuegbar(Mitarbeiter, Zeit) and
        ! and
        plane(Arbeit, Mitarbeiter) and
        kalkuliere(Arbeit, Zeit, Ort, Beruf, Qualifikation) and
        beauftrage(Arbeit, Zeit, Mitarbeiter).
.
.
.
```

Goal: *delegiere(installation, tage(4), MA, muenchen, elektriker, meister).*

Der Cut wird als Ausrufezeichen geschrieben. Syntaktisch ist er ein Prädikatensymbol ohne Argumente. Das Teilproblem "!" ist bei der Konstruktion eines Ableitungssuchbaumes zunächst unmittelbar gelöst. Der Cut wird erst beim Backtracking wirksam.

In unserem Beispiel suchen wir einen geeigneten Mitarbeiter; alle anderen Argumente von *delegiere* sind ja Konstanten. Wenn wir bei dem Cut angelangt sind - wobei vorher durchaus Backtracking stattgefunden haben mag -, sei ein geeigneter Mitarbeiter gefunden. Der Cut wird erst wirksam, wenn die Teilprobleme dahinter nicht lösbar sind und das dadurch veranlaßte Backtracking im Rückwärtsgehen den Cut erfaßt. Der Cut verhindert dann weiteres Backtracking und bewirkt unmittelbar das Scheitern unseres Goals:

delegiere(installation,tage(4),MA, muenchen, elektriker, meister).

Dieses Goal heißt hier auch *Elternproblem* oder *Elternziel* des Cut, weil hierdurch die Regel, die den Cut enthält, ins Spiel gebracht wurde.

Eventuell weiter vorhandene Regeln mit dem Prädikatensymbol *delegiere* im Regelkopf, die ja alternativ zur Lösung des Anfangsproblems führen könnten, dürfen nicht mehr benutzt werden.

Der Cut in unserem Beispiel drückt also folgendes aus: Wenn "delegiere" nach dem Cut, also nach Finden eines geeigneten Mitarbeiters scheitert, soll nicht hinter den Cut zurückgegangen werden, also nach einem anderen Mitarbeiter gesucht werden; "delegiere" ist schon als gescheitert zu betrachten. Das ist sinnvoll, wenn das weitere Gelingen von "delegiere" (*plane*, *kalkuliere*, *beauftrage*) nicht von der Wahl des Mitarbeiters abhängt. Dann kann Speicherplatz und Zeit eingespart werden.

Zusammenfassend können wir feststellen:

Wird in der Konstruktion eines Ableitungssuchbaumes ein *Cut* als zu lösendes Teilproblem erreicht, so ist damit der Teil zwischen diesem Cut und seinem Elternziel festgeschrieben und durch Backtracking nicht mehr erweiterbar. Backtracking zurück hinter den Cut führt unmittelbar zum Scheitern des Elternziels; aber hier, hinter dem Elternziel, erfolgt wieder normales Backtracking.

Die Anwendung des Cut soll in weiteren einfachen Beispielen verdeutlicht werden.

```
domains

name, geschlecht, interesse = symbol
interessen = interesse*


predicates

moegliches_Paar(name, name)
person(name, geschlecht, interessen)
member(interesse, interessen)
gemInt(interessen, interessen, interesse)


clauses

moegliches_Paar(Mann, Frau) if person(Mann, m, ILIST1) and
                               person(Frau, w, ILIST2) and
                               gemInt(ILIST1, ILIST2, _).
```

```
gemInt(IL1, IL2, X) if member(X, IL1) and
                       member(X, IL2).
person(schorsch, m, [kartenspielen, biergarten, radlfahren]).
person(resi, w, [biergarten, radlfahren, stricken]).

member(X, [X:_]).
member(X, [_:L]) if member(X, L).
```

Ein Mann und eine Frau bilden ein mögliches Paar, wenn sie (mindestens) ein gemeinsames Interesse haben.

Auf:

Goal: *moegliches_Paar(X,Y).*

folgt die Antwort:

X=schorsch, Y=resi

X=schorsch, Y=resi

2 Solutions

Das Paar *(schorsch, resi)* wird zweimal ausgegeben, da durch Backtracking (bei der Konstruktion des vollständigen Ableitungssuchbaumes) zwei gemeinsame Interessen (*biergarten* und *radlfahren*) und damit zwei Ableitungen für das Problem *moegliches_Paar(X,Y).* gefunden werden.

Wir beheben diesen Mangel, indem wir in der Regel mit dem Prädikatensymbol *gemInt* im Kopf einen Cut hinzufügen. Die neue Regel lautet also:

```
gemInt(IL1, IL2, X) if member(X, IL1) and
                       member(X, IL2) and
                       !.
```

Auf:

Goal: *moegliches_Paar(X,Y).*

folgt jetzt die gewünschte Antwort:

X=schorsch, Y=resi

1 Solution

Sobald das erste gemeinsame Interesse gefunden ist, wird wegen des Cut die Suche nach gemeinsamen Interessen aufgegeben. Aufgrund seiner Position am Ende der Regel wird der Cut erst wirksam, wenn das Elternproblem gelöst ist.

Ein Cut am Ende einer Regel bedeutet also, daß man mit der ersten gefundenen Lösung (des Elternproblems) zufrieden ist und daß nach weiteren nicht gesucht werden soll.

Wir ändern unser Programm jetzt folgendermaßen ab: Im *predicates*-Abschnitt fügen wir:

verheiratet(name)

hinzu.

Vor der schon vorhandenen Regel mit dem Prädikatensymbol *moegliches_Paar* im Kopf fügen wir folgende ein:

```
moegliches_Paar(Mann, _) if verheiratet(Mann) and
                            ! and
                            fail.
```

Schließlich fügen wir den Fakt:

verheiratet(sepp).

hinzu.

Wir benutzen hier das eingebaute Prädikat *fail.* Syntaktisch ist es ein Prädikatensymbol ohne Argumente. Das Teilproblem *fail* ist bei der Konstruktion eines Ableitungssuchbaumes immer unmittelbar unlösbar; durch Verwendung von *fail* erzwingt man also stets Backtracking.

Durch unsere neue Regel wird (folgender Ausnahmefall) ausgedrückt: Falls ein Mann verheiratet ist, kommt er als Partner für ein Paar nicht in Frage. Die Suche nach einem möglichen Paar kann damit schon aufgegeben werden.

Ein *fail*, das unmittelbar auf einen Cut folgt, erzwingt sofortige Aufgabe des Elternziels (des Cuts).

Auf:

Goal: *moegliches_Paar(sepp, resi).*

folgt die Antwort:

False

Eine sogenannte *Cut/fail*-Kombination (ein *fail* folgt unmittelbar auf einen *Cut*) in einer Regel bedeutet, daß im betrachteten Ausnahmefall keine Lösung (des Elternproblems) möglich ist und damit die Suche abgebrochen werden kann.

Wir ersetzen jetzt die beiden Regeln mit dem Prädikatensymbol *moegliches_Paar* im Kopf durch folgende Regel:

```
moegliches_Paar(Mann, Frau) if not(verheiratet(Mann)) and
                               person(Mann, m, ILIST1) and
                               person(Frau, w, ILIST2) and
                               gemInt(ILIST1, ILIST2, _).
```

Wir benutzen hier das eingebaute Prädikat *not*. Syntaktisch ist es ein einstelliges Prädikatensymbol; das Argument von *not* muß ein Atom sein. (Insofern unterscheidet es sich von den bisherigen Prädikaten, die als Argumente ja Terme haben; man spricht auch von einem Metaprädikat.) Die Lösung des Problems *not(A)* wird folgendermaßen auf die Lösung des Problems *A* zurückgeführt: Das Problem *not(A)* ist gelöst, wenn die Lösung (bzw. der Versuch einer Lösung) des Problems *A* durch Konstruktion eines Ableitungssuchbaumes scheitert; das Problem *not(A)* ist nicht lösbar, wenn das Problem *A* durch Konstruktion eines Ableitungssuchbaumes gelöst werden kann.

Auf die Frage:

Goal: *moegliches_Paar(sepp, resi).*

erhalten wir die Antwort:

False

und auf:

Goal: *moegliches_Paar(schorsch, resi).*

folgt:

True

Durch Voranstellen des Atoms *not(verheiratet(Mann))* in der Regel mit dem Prädikatensymbol *moegliches_Paar* im Kopf konnten wir die Regel mit der Cut/fail-Kombination überflüssig machen, also den Ausnahmefall auf andere Weise beschreiben. Die Frage der Vermeidung des Cut durch Verwendung von *not* stattdessen soll hier nicht weiter thematisiert werden. Für die Verbesserung der Lesbarkeit von Prolog-Programmen ist sie von Bedeutung.

Wir ändern unser Programm noch einmal ab, indem wir die erste *member*-Klausel durch folgende ersetzen:

member(X, [X:_]) if !.

Jetzt liefert:

Goal: *moegliches_Paar(schorsch, resi).*

die Antwort:

False

In diesem Fall ist der Cut also unangebracht. Nachdem *kartenspielen* in *schorsch*'s Interessenliste gefunden und dann in *resi*'s nicht gefunden wurde, verhindert der Cut beim Backtracking, daß das gemeinsame Interesse *biergarten* entdeckt wird. Der Cut ist das erste (und hier zufälligerweise das einzige) Teilproblem im Körper einer von mehreren (hier zwei) Regeln zu einem Prädikat (hier *member*). Dadurch ist die ausschließliche Verwendung dieser einen Regel festgelegt, sobald Elternproblem und Regelkopf unifiziert wurden; denn ein Backtracking zwischen Elternproblem und Cut ist wegen der Position des Cut ja nicht möglich.

Ein solcher Cut wird gesetzt um auszudrücken, daß die (einzig) richtige Regel zur Lösung des Elternproblems ausgewählt wurde und daß die anderen Klauseln zu demselben Prädikat nicht benutzt werden dürfen.

Wir verbleiben noch bei dem Prädikat *member* und wollen damit die Wirkung des Cut durch Darstellung im Ableitungssuchbaum veranschaulichen und auf eventuell unerwünschte Effekte hinweisen.

domains

*zahlenliste = integer**

predicates

member(integer, zahlenliste)

clauses

member(Zahl, [Zahl:_]).
member(Zahl, [_:Koerper]) if member(Zahl, Koerper).

Wir hatten früher die Frage:

member(X,[1,2,3,4]).

gestellt und die Antwort: **X=1** **X=3**

X=2 **X=4**

erhalten.

Dazu hatten wir uns den Ableitungssuchbaum notiert:

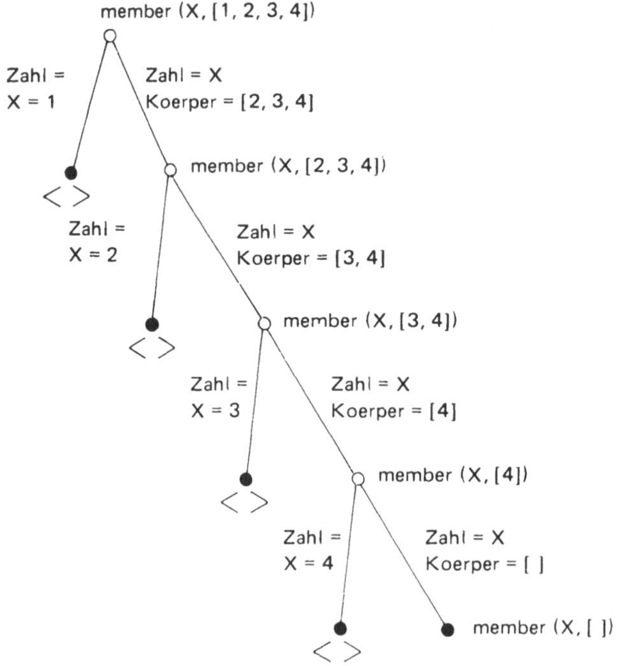

Bild 4-7 Ableitungssuchbaum für „member (X, [1, 2, 3, 4])"

Wir ersetzen:

member(Zahl, [Zahl:_]).

durch:

member(Zahl, [Zahl:_]) if !.

Die Frage:

member(X,[1,2,3,4].

liefert jetzt die Antwort:

X=1

Dazu gehört folgender Ableitungssuchbaum:

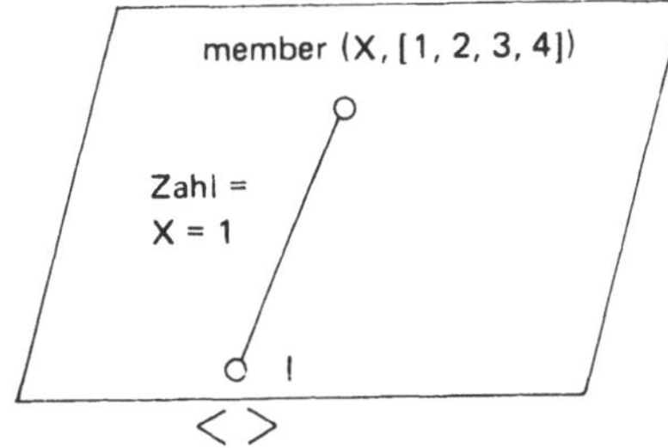

Das Teilproblem "!" ist unmittelbar gelöst. Der eingerahmte Teil wird durch den Cut festgeschrieben.

Bild 4-8 Ableitungssuchbaum für „member (X, [1, 2, 3, 4]"

Das ist schon der vollständige Ableitungssuchbaum, da der Teil zwischen dem Cut und dem Elternproblem *member(X,[1,2,3,4])* festgeschrieben und durch Backtracking nicht erweiterbar ist.

Die Frage:

member(3,[1,2,3,4]).

wird mit:

True

beantwortet.

Dazu gehört folgender Ableitungssuchbaum:

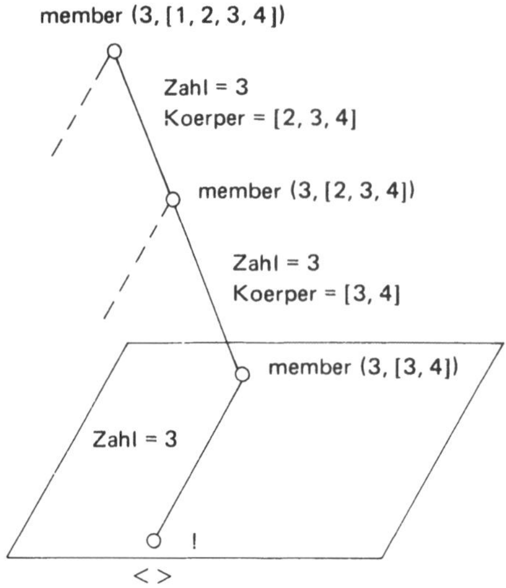

Bild 4-9 Ableitungssuchbaum für „member (3, [1, 2, 3, 4])"

Das Prädikat *member* in der letzten Version ist geeignet, das erste Element einer gegebenen Liste aufzusuchen bzw. festzustellen, ob ein Element Mitglied einer gegebenen Liste ist. Man kann damit jedoch nicht mehr - wie bei der ersten Version - die Elemente einer Liste aufzählen (vgl. auch *moegliches_Paar*).

4.5 Arithmetik

Prolog ist zwar aus der Künstlichen Intelligenz heraus entstanden und in erster Linie zur Lösung von Problemen aus diesem Bereich geeignet. Es verfügt aber auch über *arithmetische* Fähigkeiten; man kann mit Prolog auch "richtig rechnen". Das trifft insbesondere auf Turbo Prolog zu. Wir diskutieren die Arithmetik nur kurz.

Die Funktoren und Prädikatensymbole aus der Arithmetik werden üblicherweise *Operatoren* genannt; für sie gilt die *Infix-Notation*, d. h. sie können zwischen ihre beiden Argumente geschrieben werden.

In Turbo Prolog können die vier arithmetischen Grundoperationen zwischen Objekten von den Standard Domain-Typen *integer* und *real*, kurz zwischen Integer- und Realzahlen, durchgeführt werden.

Der Standard Domain-Typ *real* umfaßt Zahlen zwischen 10^{307} und 10^{-307} (positiv und negativ). Realzahlen können mit und ohne Dezimalpunkt und in Exponentialschreibweise dargestellt werden.

Beispiele: *42705*
-86.72
-531e238
-79.8e-21

Die folgende Tabelle gibt den Typ des Ergebnisses bei den Grundoperationen an:

Operand 1	Operator	Operand 2	Ergebnis
integer	+, -, *	*integer*	*integer*
real	+, -, *	*integer*	*real*
integer	+, -, *	*real*	*real*
real	+, -, *	*real*	*real*
integer, *real*	/	*integer*, *real*	*real*

Aus den Zahlen und Variablen (eventuell mit Vorzeichen), den Operatoren +, -, * und / und den runden Klammern (und) werden *arithmetische Terme* aufgebaut.

*1+6/((11+3)*Z)*

ist z.B. ein solcher Term.

Erscheint im Verlaufe der Konstruktion eines Ableitungssuchbaumes in einem Teilproblem ein arithmtischer Term, etwa in der Form

*2 < 1+6/((11+3)*Z)*

(< ist der eingebaute Kleiner-Operator, den wir früher schon einmal erwähnt haben), so müssen alle seine Variablen (hier nur Z) zu diesem Zeitpunkt instantiiert (durch Zahlen ersetzt) sein, damit der Wert des Terms berechnet und das Teilproblem gelöst werden kann.

Für die Berechnung des Terms selbst gelten die üblichen Prioritätsregeln. Klammerausdrücke müssen zuerst berechnet werden; * und / binden stärker als + und - und sind vor den letzteren auszuführen.

Arithmetische Terme werden in Turbo Prolog also automatisch ausgewertet, d. h. es wird nach den Regeln der Arithmetik ein Zahlenwert für sie berechnet. Das ist ja bei beliebigen (nicht arithmetischen) Termen gar nicht sinnvoll oder möglich. Denn wie sollte man etwa den Term *buch(autor(robert, kowalski), "Logic for Problem Solving", 1979)* oder irgendeine Liste "auswerten"?

(In Standard Prolog erfolgt die Auswertung von arithmetischen Termen nicht automatisch, sondern sie wird durch die Verwendung eines eigenen eingebauten Prädikats (namens *is*) veranlaßt.)

Es gibt folgende Vergleichsoperatoren in Turbo Prolog:

<	kleiner
<=	kleiner oder gleich
=	gleich
>	größer
>=	größer oder gleich
<> oder ><	ungleich

(Neben arithmetischen Termen dürfen übrigens auch Zeichenreihen verglichen werden, worauf wir hier aber nicht weiter eingehen.)

In einem arithmetischen Vergleich (einem arithmetischen Atom) müssen normalerweise alle Variablen instantiiert sein, wenn die Terme links und rechts ausgewertet werden sollen. Eine Ausnahme gibt es hier beim Gleichheitsoperator. Betrachte etwa das Atom:

N=N1-1

Auf der einen Seite des Gleichheitszeichens stehe also eine Variable, auf der anderen irgendein arithmetischer Term. Zum Zeitpunkt der Auswertung muß *N1* (im komplizierteren Term) auf jeden Fall instantiiert sein. Falls auch *N* instantiiert ist, liegt der Normalfall vor. (Etwa *N1=5*, *N=1*; *1=4*, Teilproblem unlösbar (falsch).) Falls *N* nicht instantiiert ist, wird der Wert, der sich bei der Auswertung von *N1-1* ergibt, für *N* substituiert; damit ist das Teilproblem *N=N1-1* gelöst (wahr). (Dieser Ausnahmefall entspricht einer Zuweisung in einer konventionellen Programmiersprache.)

Das folgende Programm bestimmt die Lösungen von quadratischen Gleichungen der Form:

$a x^2 + b x + c = 0$

nach der bekannten Formel:

$x_1 = (-b + sqrt(D))/2a$ und $x_2 = (-b - sqrt(D))/2a$,

wobei $D = b^2 - 4ac$ und sqrt(D) die Quadratwurzel von D ist.

```
predicates

berechne(real, real, real)
antwort(real, real, real)


clauses

berechne (A,B,C) if D=B*B-4*A*C and
                    antwort(A,B,D) and
                    nl.
antwort(_,_,D) if D<0 and
                  write("keine Lösung") and
                  !.
antwort(A,B,D) if D=0 and
                  X=-B/(2*A) and
                  write("x=",X) and
                  !.
antwort(A,B,D) if X=sqrt(D) and
                  X1=(-B+X)/(2*A) and
                  X2=(-B-X)/(2*A) and
                  write("x1=",X1," und x2=",X2).
```

Hierbei werden die eingebauten Prädikate *nl* und *write* benutzt. Sie dienen zur Ausgabe auf den Bildschirm. *nl* (new line) bewirkt, daß die Ausgabe in einer neuen Zeile beginnt.

write("x1=",X1," und x2=",X2).

veranlaßt die Ausgabe:

x1=1 und x2=2

falls zum Zeitpunkt der Ausführung X1 mit 1 und X2 mit 2 instantiiert ist.

sqrt ist eine eingebaute mathematische Funktion, die Quadratwurzelfunktion.

Wir könnten folgenden Dialog führen:

Goal: *berechne(1,2,1).*

X=-1

True

Goal: *berechne(1,1,1).*

keine Lösung

True

Goal: *berechne(1,2,-4).*

x1=1.2360679775 und x2=-3.2360679775

True

Turbo Prolog verfügt über weitere mathematische Funktionen, so z.B. Logarithmus- und Exponentialfunktion und trigonometrische Funktionen.

Für arithmetische Vergleiche - betrachtet als Teilprobleme - gibt es innerhalb der Konstruktion von Ableitungssuchbäumen beim Backtracking keine alternativen Lösungen. Ein solches Problem besitzt also höchstens eine Lösung. Als eingebaute Prädikate sind die arithmetischen Vergleiche vordefiniert; ihre Definition ist uns unbekannt. Sie verhalten sich wie Prädikate, deren Definition nur eine Regel enthält. Dadurch kann es beim Backtracking nicht zu Verzweigungen kommen.

4.6 Einfache Ein- und Ausgabe

Es werden die drei eingebauten Prädikate *write*, *nl* und *read* besprochen, die zur Aus- bzw. Eingabe auf den Bildschirm bzw. von der Tastatur dienen.

Im letzten Programmbeispiel (Lösung quadratischer Gleichungen) haben wir das Prädikat *write* zur Ausgabe der gefundenen Lösungen auf den Bildschirm benutzt. *write* kann beliebig viele Argumente haben:

$write(arg_1, arg_2, ..., arg_n)$

wobei jedes Argument eine Konstante oder eine Variable ist. Zum Zeitpunkt der Ausführung müssen alle Variablen instantiiert sein.

Das Prädikat *nl* hat keine Argumente und bewirkt, daß die Ausgabe in einer neuen Zeile beginnt.

Der folgende Programmausschnitt veranlaßt die Ausgabe der Elemente einer Liste untereinander.

```
schreibe([ ]).
schreibe([Kopf:Koerper]) if schreibe(Kopf) and
                            nl and
                            schreibe(Koerper).
```

Das nächste Programm zeigt die Verwendung der Eingabeprädikate *readln*, *readint* und *readchar*.

```
domains

person = p(name, alter, telno, job)
alter = integer
telno, name, job = symbol


predicates

liesPerson(person)
start


clauses

liesPerson(p(Name, Alter, Telno, Job)) if write("Welcher Name?")
                                   and readln(Name)
                                   and write("Job?")
                                   and readln(Job)
                                   and write("Alter?")
                                   and readint(Alter)
                                   and write("Telefonnummer?")
                                   and readln(Telno).
```

```
start if liesPerson(P) and
        nl and
        write(P) and
        nl and
        nl and
        write("Ist dieses zusammengesetzte Objekt OK (j/n)?") and
        readchar(Ch) and
        Ch = 'j'.

start if nl and
        nl and
        write("Na gut, versuchen Sie es noch einmal.") and
        nl and
        nl and
        start.
```

Es ergibt sich folgender Dialog:

Goal: *start.*

Welcher Name? *Justen*

Job? *Lehrer*

Alter? *36*

Telefonnummer? *34289*

p("Justen", 36, "34289", "Lehrer")

Ist dieses zusammengesetzte Objekt OK (j/n)? *n*

Na gut, versuchen Sie es noch einmal.

Welcher Name? ...

.

.

.

Wir gehen die Eingabeprädikate kurz durch.

readln(Line): Die Variable darf zum Zeitpunkt der Ausführung nicht instantiiert sein; die einzugebende Zeichenfolge (bis zu 150 Zeichen) ist mit der Return-Taste abzuschließen und wird als Konstante vom Typ *symbol* eingelesen.

readint(X): Die Variable *X* darf zum Zeitpunkt der Ausführung nicht instantiiert sein; die einzugebende Zeichenfolge muß vom Typ *integer* sein und ist mit der Return-Taste abzuschließen. Bei Verletzung der Syntaxregeln für Integerzahlen scheitert *readint*, und es findet Backtracking statt.

readchar(Char): Die Variable *Char* darf zum Zeitpunkt der Ausführung nicht instantiiert sein; es ist ein einzelnes Zeichen einzutippen, das unmittelbar (ohne Drücken der Return-Taste) als Konstante vom Standard Domain-Typ *char* eingelesen wird.

Zum Standard Domain-Typ *char* gehören in Hochkommata eingeschlossene einzelne Zeichen, z.B. 'a'. Zum Einlesen von Realzahlen dient das Prädikat *readreal*, das ganz analog verwendet wird.

Wie für die arithmetischen Vergleiche so gibt es auch für die Ein- und Ausgabeatome - betrachtet als Teilprobleme - keine alternativen Lösungen beim Backtracking. Daher kann z.B. das Atom *write(X)* als Teilproblem an einem Knoten eines Ableitungssuchbaumes nur eine Ausgabe produzieren.

5 Ein Expertensystem mit Turbo Prolog

Die Künstliche Intelligenz befaßt sich mit der Nachbildung von intelligentem menschlichem Verhalten durch Computer.

Das prominenteste und auch praktisch bedeutsamste Teilgebiet sind die Expertensysteme. Sie sind bereits zur Produktreife gelangt und erschließen sich immer mehr Einsatzgebiete.

Wir wollen schrittweise ein Programm erarbeiten, das dem Leser eine Vorstellung von Expertensystemen in Turbo Prolog geben soll.

Ein *Wissensbasiertes System* ist ein Problemlösungsprogramm, das als Komponenten mindestens eine Wissensbasis und einen Inferenzmechanismus beinhaltet. Danach können wir jedes Prolog-Programm zusammen mit seinem Interpreter oder Compiler als ein Wissensbasiertes System auffassen: Der Programmtext bildet die Wissensbasis und das Prolog-System liefert den Inferenzmechanismus.

Ein *Expertensystem* ist ein Wissensbasiertes System, das die Problemlösefähigkeit eines Experten simuliert. Bei dem heutigen Stand der Technik sind allerdings nur solche Gebiete für den Einsatz von Expertensystemen geeignet, die leicht abgrenzbar und überschaubar sind und deren Wissen gut zugänglich und strukturierbar ist. Bei den folgenden Problemklassen werden Expertensysteme bereits erfolgreich eingesetzt.

Diagnosesysteme liefern auf die Eingabe von Befunden und Meßwerten als Ausgabe ein bekanntes Muster, eine Diagnose. Beispiele sind die medizinische Diagnose und die technische Fehlerdiagnose.

Bei *Designproblemen* sind gewisse Anforderungen oder Vorbedingungen gegeben und Objekte gesucht, die diesen Anforderungen genügen. Beispiele hierfür sind die Konfiguration von Anlagen und die Geldanlageberatung.

Bei *Planungsproblemen* sind Ausgangs- und Zielzustand bekannt; das Expertensystem soll eine Aktionsfolge zur Erreichung des Zielzustands ableiten. Anwendungsbereiche sind Projektmanagement und Logistik.

Der Hauptnutzen bei dem Einsatz von Expertensystemen liegt in der Vervielfachung von teurem Expertenwissen und in der Lösung von Problemen, die mit herkömmlichen Programmiermethoden - d. h. algorithmisch - nicht zu bewältigen sind.

Expertensysteme sind meist als *Beratungssysteme* konzipiert. Die Lösung des Problems wird im Dialog mit dem Programm erarbeitet. Im einfachsten Fall beschränkt sich die Rolle des Benutzers auf das Beantworten von Fragen, die vom Expertensystem gestellt werden.

Unser zu entwickelndes kleines Expertensystem soll in einem Beratungsdialog bei der Auswahl eines BMW aus der 3-er Serie beraten, also ein Designproblem lösen.

Das Wissen entnehmen wir der Preisliste:

Preise

316	2T	22550,-
316	4T	23450,-
318i	2T	25150,-
318i	2T Kat.-Vorbereitung	26000,-
318i	2T Katalysator	26600,-
318i	4T	26050,-
318i	4T Kat.-Vorbereitung	26900,-
318i	4T Katalysator	27500,-
320i	2T	29100,-
320i	4T	30000,-
325e	2T Kat.-Vorbereitung	30800,-
325e	2T Katalysator	31700,-
325e	4T Kat.-Vorbereitung	31700,-
325e	4T Katalysator	32600.-
325i	2T	34100,-
325i	2T Kat.-Vorbereitung	35000,-
325i	2T Katalysator	35900,-
325i	4T	35000,-
325i	4T Kat.-Vorbereitung	35900,-
325i	4T Katalysator	36800,-

325iX	2T	43900,-
325iX	2T Kat.-Vorbereitung	44800,-
325iX	2T Katalysator	45700,-
325iX	4T	44800,-
325iX	4T Kat.-Vorbereitung	45700,-
325iX	4T Katalysator	46600,-
325i	Cabrio	43300,-
325i	Cabrio Kat.-Vorbereitung	44200,-
325i	Cabrio Katalysator	45100,-
M3	2T	58000,-
M3	2T Kat.-Vorbereitung	58900,-
M3	2T Katalysator	59800,-
324d	4T	28450,-

In unserem Fall liegt das Wissen in gut strukturierter Form vor. In komplizierteren Fällen ist es die Aufgabe des *Knowledge Engineers* (*Wissensingenieurs*), das irgendwie (möglicherweise nur in Köpfen) vorhandene Wissen so aufzubereiten, daß es vom eingesetzten Inferenzmechanismus verarbeitet werden kann.

Wir formulieren das in der Tabelle enthaltene Wissen um in ein Turbo Prolog-Programm. Dabei müssen wir von vorneherein eine Vorstellung davon haben, wie der Dialog ablaufen soll. Dem Benutzer soll ein Fahrzeug-Typ empfohlen werden. Die Empfehlung hängt ab von den gewünschten Eigenschaften. Wir brauchen also jedenfalls eine Beschreibung der einzelnen Typen durch entsprechende Eigenschaften. Dazu betrachten wir die Eigenschaften "zweitüriges Fahrzeug", "viertüriges Fahrzeug", "Katalysator-Fahrzeug" (als Zusammenfassung von "Kat.-Vorbereitung" und "Katalysator"), "Kabriolett", "Fahrzeug mit Allrad-Antrieb", "Diesel-Fahrzeug", "Preisklasse 20 bis 30 Tausend DM", "Preisklasse 30 bis 40 Tausend DM", "Preisklasse 40 bis 50 Tausend DM" und "Preisklasse 50 bis 60 Tausend DM". Für jeden Fahrzeug-Typ formulieren wir eine Regel, die die charakteristischen Eigenschaften für diesen Typ angibt. So wird z. B. der Typ "M3" durch die Eigenschaften "zweitüriges Fahrzeug" und "Fahrzeug in der Preisklasse 50 bis 60 Tausend DM" beschrieben. Da es diesen Typ ohne wie mit Katalysator gibt, ist die Katalysator-Eigenschaft für die Charakterisierung unbrauchbar. Dagegen gibt es den Typ nur zweitürig; diese Eigenschaft wird zur Beschreibung gebraucht. Wir erhalten folgendes:

```
predicates

eigenschaft(symbol)
typ(symbol)


clauses

typ("M3") if eigenschaft(zweitueriges_fahrzeug) and
        eigenschaft(fahrzeug_in_der_preisklasse_50_bis_60_T).
typ("325i_Cabrio") if eigenschaft(zweitueriges_fahrzeug) and
                eigenschaft(kabriolett) and
        eigenschaft(fahrzeug_in_der_preisklasse_40_bis_50_T).
typ("325iX") if eigenschaft(fahrzeug_mit_allrad_antrieb) and
        eigenschaft(fahrzeug_in_der_preisklasse_40_bis_50_T).
typ("325i") if
        eigenschaft(fahrzeug_in_der_preisklasse_30_bis_40_T).
typ("325e") if eigenschaft(katalysator_fahrzeug) and
        eigenschaft(fahrzeug_in_der_preisklasse_30_bis_40_T).
typ("320i") if not(eigenschaft(katalysator_fahrzeug)) and
        eigenschaft(fahrzeug_in_der_preisklasse_20_bis_30_T).
typ("324d") if eigenschaft(viertueriges_fahrzeug) and
            not(eigenschaft(katalysator_fahrzeug)) and
            eigenschaft(diesel_fahrzeug) and
        eigenschaft(fahrzeug_in_der_preisklasse_20_bis_30_T).
typ("318i") if
        eigenschaft(fahrzeug_in_der_preisklasse_20_bis_30_T).
typ("316") if not(eigenschaft(katalysator_fahrzeug)) and
        eigenschaft(fahrzeug_in_der_preisklasse_20_bis_30_T).
```

Mit unserem bisherigen Programm ist noch keine Auswahlberatung möglich. Wir müssen die Benutzervorstellungen berücksichtigen und unser Programm so erweitern, daß Fahrzeugeigenschaften erfragt werden können.

```
database

db_eigenschaft(symbol)
db_nicht_eigenschaft(symbol)
```

```
predicates

eigenschaft(symbol)
typ(symbol)
frage(symbol)
merke(symbol, symbol)
start

clauses

typ("M3") if eigenschaft(zweitueriges_fahrzeug) and
           eigenschaft(fahrzeug_in_der_preisklasse_50_bis_60_T).
typ("325i_Cabrio") if eigenschaft(zweitueriges_fahrzeug) and
                   eigenschaft(kabriolett) and
           eigenschaft(fahrzeug_in_der_preisklasse_40_bis_50_T).
typ("325iX") if eigenschaft(fahrzeug_mit_allrad_antrieb) and
           eigenschaft(fahrzeug_in_der_preisklasse_40_bis_50_T).
typ("325i") if
           eigenschaft(fahrzeug_in_der_preisklasse_30_bis_40_T).
typ("325e") if eigenschaft(katalysator_fahrzeug) and
           eigenschaft(fahrzeug_in_der_preisklasse_30_bis_40_T).
typ("320i") if not(eigenschaft(katalysator_fahrzeug)) and
           eigenschaft(fahrzeug_in_der_preisklasse_20_bis_30_T).
typ("324d") if eigenschaft(viertueriges_fahrzeug) and
             not(eigenschaft(katalysator_fahrzeug)) and
             eigenschaft(diesel_fahrzeug) and
           eigenschaft(fahrzeug_in_der_preisklasse_20_bis_30_T).
typ("318i") if
           eigenschaft(fahrzeug_in_der_preisklasse_20_bis_30_T).
typ("316") if not(eigenschaft(katalysator_fahrzeug)) and
           eigenschaft(fahrzeug_in_der_preisklasse_20_bis_30_T).

eigenschaft(X) if db_eigenschaft(X) and
                 !.
eigenschaft(X) if not(db_nicht_eigenschaft(X)) and
                 frage(X).
frage(X) if nl and
            write("Wünschen Sie ein") and
            nl and
            write(X) and
            write(" ?") and
            nl and
            write("(ja oder nein eingeben)") and
            nl and
            readln(Antwort) and
            merke(X, Antwort).
```

```
merke(X, ja) if assertz(db_eigenschaft(X)).
merke(X, nein) if assertz(db_nicht_eigenschaft(X)) and
                  fail.

start if typ(X) and
         nl and
         write("Ich empfehle Ihnen einen") and
         nl and
         write(X) and
         write(".") and
         nl.
start if nl and
         write("Ihnen kann ich nichts empfehlen.") and
         nl.
```

Das Kennwort *database* leitet einen für uns neuen Programmabschnitt ein, der Prädikatdeklarierungen für eine sogenannte *dynamische Datenbank* enthält. Dieser Abschnitt muß vor dem *predicates*-Abschnitt stehen. Während der Laufzeit des Programms, d. h. während eines Dialogs mit der Wissensbasis, können Fakten mit diesen Prädikatensymbolen hinzugefügt und im internen Speicher abgelegt werden. Ansonsten unterscheiden sie sich nicht von den bisherigen Prädikaten.

Die Prädikate *db_eigenschaft* und *db_nicht_eigenschaft* werden die Benutzerantworten enthalten, die auf Fragen (*frage(X)*) hin gegeben und gemerkt (*merke(X, Antwort)*) werden.

Durch die eingebauten Prädikate *asserta* bzw. *assertz* werden - während der Laufzeit eines Programms - Fakten (einer dynamischen Datenbank) am Anfang bzw. am Ende der Wissensbasis hinzugefügt. *assertz(db_eigenschaft(X))* fügt beispielsweise den Fakt *db_eigenschaft(kabriolett).* am Ende der Wissensbasis an, falls X zum Zeitpunkt der Ausführung mit *kabriolett* instantiiert ist. Für die Dauer eines Dialogs mit dieser Wissensbasis bleibt die dynamische Datenbank bestehen.

Ob eine bestimmte Eigenschaft gegeben ist, läßt sich durch Inspektion der dynamischen Datenbank feststellen. Eine Eigenschaft ist auf jeden Fall dann gegeben, falls der entsprechende Fakt in der dynamischen Datenbank enthalten ist (*db_eigenschaft*). Eine Eigenschaft ist nicht gegeben, falls die Datenbank die Negation davon enthält (*db_nicht_eigenschaft*). Wenn keiner dieser beiden Fälle zutrifft, muß der Benutzer gefragt werden.

In komplexeren Expertensystemen nennt man diesen Programmteil auch *Dialogkomponente.*

Wir können nun einen Beratungsdialog führen. Dabei gehen wir von folgenden Benutzervorstellungen aus:

zwei Türen, Allrad-Antrieb und Preisklasse 40 bis 50 TDM.

Es ergibt sich folgender Beratungsdialog:

Goal: *start.*

Wünschen Sie ein
zweitüriges_fahrzeug?
(ja oder nein eingeben)

ja

Wünschen Sie ein
fahrzeug_in_der_preisklasse_50_bis_60_T
?
(ja oder nein eingeben)

nein

Wünschen Sie ein
kabriolett?
(ja oder nein eingeben)

nein

Wünschen Sie ein
fahrzeug_mit_allrad_antrieb?
(ja oder nein eingeben)

ja

Wünschen Sie ein
fahrzeug_in_der_preisklasse_40_bis_50_T
?
(ja oder nein eingeben)

ja

Ich empfehle Ihnen einen
325iX.
True
Goal:

Wir wollen uns weiter beraten lassen, indem wir die Antworten variieren und entsprechende Empfehlungen erwarten. Wir setzen also den Dialog mit unserer Wissensbasis fort und geben "start." ein. Es erscheint (vielleicht zu unserer Überraschung) unmittelbar die alte Empfehlung "325iX". Was ist geschehen? In der dynamischen Datenbank sind noch die alten Antworten enthalten, so beispielsweise der Fakt *db_eigenschaft(zweitueriges_fahrzeug).*. Folglich sind keine Fragen erforderlich; die benötigten Eigenschaften sind bekannt und führen unmittelbar zur Empfehlung "325iX".

Wir müssen also nach jedem Beratungsdialog die alten Benutzerantworten löschen. Hierfür gibt es das eingebaute Prädikat *retract*. *retract(db_eigenschaft(X))* löscht z.B. während eines Programmlaufs den ersten Fakt in der dynamischen Datenbank mit dem Prädikatensymbol *db_eigenschaft*; *retract(db_eigenschaft(kabriolett))* würde den (ersten) Fakt *db_eigenschaft(kabriolett).* löschen.

```
database

db_eigenschaft(symbol)
db_nicht_eigenschaft(symbol)


predicates

eigenschaft(symbol)
typ(symbol)
frage(symbol)
merke(symbol, symbol)
start
loesche


clauses

typ("M3") if eigenschaft(zweitueriges_fahrzeug) and
             eigenschaft(fahrzeug_in_der_preisklasse_50_bis_60_T).
```

```
typ("325i_Cabrio") if eigenschaft(zweitueriges_fahrzeug) and
                      eigenschaft(kabriolett) and
          eigenschaft(fahrzeug_in_der_preisklasse_40_bis_50_T).
typ("325iX") if eigenschaft(fahrzeug_mit_allrad_antrieb) and
          eigenschaft(fahrzeug_in_der_preisklasse_40_bis_50_T).
typ("325i") if
          eigenschaft(fahrzeug_in_der_preisklasse_30_bis_40_T).
typ("325e") if eigenschaft(katalysator_fahrzeug) and
          eigenschaft(fahrzeug_in_der_preisklasse_30_bis_40_T).
typ("320i") if not(eigenschaft(katalysator_fahrzeug)) and
          eigenschaft(fahrzeug_in_der_preisklasse_20_bis_30_T).
typ("324d") if eigenschaft(viertueriges_fahrzeug) and
             not(eigenschaft(katalysator_fahrzeug)) and
             eigenschaft(diesel_fahrzeug) and
          eigenschaft(fahrzeug_in_der_preisklasse_20_bis_30_T).
typ("318i") if
          eigenschaft(fahrzeug_in_der_preisklasse_20_bis_30_T).
typ("316") if not(eigenschaft(katalysator_fahrzeug)) and
          eigenschaft(fahrzeug_in_der_preisklasse_20_bis_30_T).

eigenschaft(X) if db_eigenschaft(X) and
                  !.
eigenschaft(X) if not(db_nicht_eigenschaft(X)) and
                  frage(X).

frage(X) if nl and
          write("Wünschen Sie ein") and
          nl and
          write(X) and
          write(" ?") and
          nl and
          write("(ja oder nein eingeben)") and
          nl and
          readln(Antwort) and
          merke(X, Antwort).

merke(X, ja) if assertz(db_eigenschaft(X)).
merke(X, nein) if assertz(db_nicht_eigenschaft(X)) and
                  fail.

start if typ(X) and
      nl and
      write("Ich empfehle Ihnen einen") and
      nl and
      write(X) and
```

```
          write(".") and
          nl and
          loesche.
start if nl and
          write("Ihnen kann ich nichts empfehlen.") and
          nl and
          loesche.

loesche if retract(db_eigenschaft(_)) and
             fail.
loesche if retract(db_nicht_eigenschaft(_)) and
             fail.
loesche if nl and
             write("Der Dialog ist zu Ende.") and
             nl.
```

Der Leser mache sich klar, welche Wirkung die Verwendung von *fail* innerhalb des Prädikats *loesche* hat.

Es ergibt sich jetzt folgender Beratungsdialog:

Goal: *start.*

Wünschen Sie ein
zweitüriges_fahrzeug?
(ja oder nein eingeben)

ja

Wünschen Sie ein
fahrzeug_in_der_preisklasse_50_bis_60_T
?
(ja oder nein eingeben)

nein

Wünschen Sie ein
kabriolett?
(ja oder nein eingeben)

nein

Wünschen Sie ein
fahrzeug_mit_allrad_antrieb?
(ja oder nein eingeben)

ja

Wünschen Sie ein
fahrzeug_in_der_preisklasse_40_bis_50_T
?
(ja oder nein eingeben)

ja

Ich empfehle Ihnen einen
325iX.

Der Dialog ist zu Ende.
True

Goal: *start.*

Wünschen Sie ein
zweitüriges_fahrzeug?
(ja oder nein eingeben)

ja

Wünschen Sie ein
fahrzeug_in_der_preisklasse_50_bis_60_T
?
(ja oder nein eingeben)

ja

Ich empfehle Ihnen einen
M3.

Der Dialog ist zu Ende.
True
Goal:

Jetzt können beliebig viele Beratungen durchgeführt werden. Die alten Benutzerantworten werden nach jedem Dialog gelöscht; jeder Dialog startet mit einer leeren dynamischen Datenbank.

Wir erweitern unser Programm, indem wir - vor der Ausgabe der Empfehlung - nochmals die gegebenen Benutzerantworten auf dem Bildschirm auflisten lassen, sozusagen als Begründung für die Empfehlung.

Das ist eine primitive Form der sogenannten *Erklärungskomponente*, die in "richtigen" Expertensystemen einen notwendigen Bestandteil bildet. Sie macht die Arbeitsweise des Expertensystems transparent, indem auf Verlangen des Benutzers Ableitungsschritte erläutert und nachvollziehbar gemacht werden. Dadurch wird die Akzeptanz eines (z.B. medizinischen) Expertensystems wesentlich erhöht.

```
database

db_eigenschaft(symbol)
db_nicht_eigenschaft(symbol)


predicates

eigenschaft(symbol)
typ(symbol)
frage(symbol)
merke(symbol, symbol)
start
loesche
gib_antworten_aus


clauses

typ("M3") if eigenschaft(zweitueriges_fahrzeug) and
             eigenschaft(fahrzeug_in_der_preisklasse_50_bis_60_T).
typ("325i_Cabrio") if eigenschaft(zweitueriges_fahrzeug) and
                      eigenschaft(kabriolett) and
             eigenschaft(fahrzeug_in_der_preisklasse_40_bis_50_T).
typ("325iX") if eigenschaft(fahrzeug_mit_allrad_antrieb) and
             eigenschaft(fahrzeug_in_der_preisklasse_40_bis_50_T).
typ("325i") if
             eigenschaft(fahrzeug_in_der_preisklasse_30_bis_40_T).
typ("325e") if eigenschaft(katalysator_fahrzeug) and
             eigenschaft(fahrzeug_in_der_preisklasse_30_bis_40_T).
typ("320i") if not(eigenschaft(katalysator_fahrzeug)) and
             eigenschaft(fahrzeug_in_der_preisklasse_20_bis_30_T).
```

```
typ("324d") if eigenschaft(viertueriges_fahrzeug) and
               not(eigenschaft(katalysator_fahrzeug)) and
               eigenschaft(diesel_fahrzeug) and
            eigenschaft(fahrzeug_in_der_preisklasse_20_bis_30_T).
typ("318i") if
            eigenschaft(fahrzeug_in_der_preisklasse_20_bis_30_T).
typ("316") if not(eigenschaft(katalysator_fahrzeug)) and
            eigenschaft(fahrzeug_in_der_preisklasse_20_bis_30_T).

eigenschaft(X) if db_eigenschaft(X) and
                  !.
eigenschaft(X) if not(db_nicht_eigenschaft(X)) and
                  frage(X).
frage(X) if nl and
            write("Wünschen Sie ein") and
            nl and
            write(X) and
            write(" ?") and
            nl and
            write("(ja oder nein eingeben)") and
            nl and
            readln(Antwort) and
            merke(X, Antwort).

merke(X, ja) if assertz(db_eigenschaft(X)).
merke(X, nein) if assertz(db_nicht_eigenschaft(X)) and
                  fail.

start if typ(X) and
        nl and
        gib_antworten_aus and
        nl and
        write("Ich empfehle Ihnen einen") and
        nl and
        write(X) and
        write(".") and
        nl and
        loesche.
start if nl and
        write("Ihnen kann ich nichts empfehlen.") and
        nl and
        loesche.

loesche if retract(db_eigenschaft(_)) and
          fail.
```

```
loesche if retract(db_nicht_eigenschaft(_)) and
           fail.
loesche if nl and
           write("Der Dialog ist zu Ende.") and
           nl.
gib_antworten_aus if nl and
                     write("gewünschte Eigenschaften:") and
                     db_eigenschaft(X) and
                     nl and
                     write(X) and
                     fail.
gib_antworten_aus if nl and
                     write("abgelehnte Eigenschaften:") and
                     db_nicht_eigenschaft(X) and
                     nl and
                     write(X) and
                     fail.
gib_antworten_aus if nl.
```

Es ergibt sich folgender Beratungsdialog:

Goal: *start.*

Wünschen Sie ein
zweitüriges_fahrzeug?
(ja oder nein eingeben)

ja

Wünschen Sie ein
fahrzeug_in_der_preisklasse_50_bis_60_T
?
(ja oder nein eingeben)

nein

Wünschen Sie ein
kabriolett?
(ja oder nein eingeben)

nein

Wünschen Sie ein
fahrzeug_mit_allrad_antrieb?
(ja oder nein eingeben)

ja

Wünschen Sie ein
fahrzeug_in_der_preisklasse_40_bis_50_T
?
(ja oder nein eingeben)

ja

gewünschte Eigenschaften:
zweitüriges_fahrzeug
fahrzeug_mit_allrad_antrieb
fahrzeug_in_der_preisklasse_40_bis_50_T
abgelehnte Eigenschaften:
fahrzeug_in_der_preisklasse_50_bis_60_T
kabriolett

Ich empfehle Ihnen einen
325iX.

Der Dialog ist zu Ende.
True
Goal:

Wir wollen unser Expertensystem ein letztes Mal erweitern. Die Preisklasse wird frühzeitig erfragt, und in den Körpern der Typ-Regeln wird ein Atom mit dem Prädikatzeichen *preisklasse* an den Anfang gestellt. Dadurch wird verhindert, daß mehrfach nach der Preisklasse gefragt wird und ein Typ noch weiter untersucht wird, obwohl die Preisklasse nicht paßt. Der geeignete Fahrzeugtyp wird so schnell gefunden.

Ob das eine gute Verkaufsstrategie ist, sei dahingestellt. Bei der Konzeption eines etwa im Vertrieb einzusetzenden Beratungssystems ist diese Frage allerdings von erheblicher Bedeutung.

database

db_preisklasse(symbol)
db_eigenschaft(symbol)
db_nicht_eigenschaft(symbol)

```
predicates

preisklasse(symbol)
eigenschaft(symbol)
typ(symbol)
erfrage_preisklasse
frage(symbol)
merke(symbol, symbol)
start
loesche
gib_antworten_aus


clauses

typ("M3") if preisklasse("50 bis 60 T") and
             eigenschaft(zweitueriges_fahrzeug).
typ("325i_Cabrio") if preisklasse("40 bis 50 T") and
                      eigenschaft(zweitueriges_fahrzeug) and
                      eigenschaft(kabriolett).
typ("325iX") if preisklasse("40 bis 50 T") and
                eigenschaft(fahrzeug_mit_allrad_antrieb).
typ("325i") if preisklasse("30 bis 40 T").
typ("325e") if preisklasse("30 bis 40 T") and
               eigenschaft(katalysator_fahrzeug).
typ("320i") if preisklasse("20 bis 30 T") and
               not(eigenschaft(katalysator_fahrzeug)).
typ("324d") if preisklasse("20 bis 30 T") and
               eigenschaft(viertueriges_fahrzeug) and
               not(eigenschaft(katalysator_fahrzeug)) and
               eigenschaft(diesel_fahrzeug).
typ("318i") if preisklasse("20 bis 30 T").
typ("316") if preisklasse("20 bis 30 T") and
              not(eigenschaft(katalysator_fahrzeug)).

preisklasse(X) if db_preisklasse(X).

erfrage_preisklasse if nl and
                      write("Welche Preisklasse?") and
                      nl and
                      write("50 bis 60 T") and
                      write("oder") and
                      nl and
                      write("40 bis 50 T") and
                      write("oder") and
```

```
                        nl and
                        write("30 bis 40 T") and
                        write("oder") and
                        nl and
                        write("20 bis 30 T") and
                        nl and
                        nl and
                        readln(Antwort) and
                        asserta(db_preisklasse(Antwort)).

eigenschaft(X) if db_eigenschaft(X) and
                  !.
eigenschaft(X) if not(db_nicht_eigenschaft(X)) and
                  frage(X).

frage(X) if nl and
            write("Wünschen Sie ein") and
            nl and
            write(X) and
            write(" ?") and
            nl and
            write("(ja oder nein eingeben)") and
            nl and
            readln(Antwort) and
            merke(X, Antwort).

merke(X, ja) if assertz(db_eigenschaft(X)).
merke(X, nein) if assertz(db_nicht_eigenschaft(X)) and
                  fail.

start if erfrage_preisklasse and
         typ(X) and
         nl and
         gib_antworten_aus and
         nl and
         write("Ich empfehle Ihnen einen") and
         nl and
         write(X) and
         write(".") and
         nl and
         loesche.
start if nl and
         write("Ihnen kann ich nichts empfehlen.") and
         nl and
         loesche.
```

```
loesche if retract(db_preisklasse(_)) and
           fail.
loesche if retract(db_eigenschaft(_)) and
           fail.
loesche if retract(db_nicht_eigenschaft(_)) and
           fail.
loesche if nl and
           write("Der Dialog ist zu Ende.") and
           nl.

gib_antworten_aus if nl and
                     write("gewünschte Eigenschaften:") and
                     db_eigenschaft(X) and
                     nl and
                     write(X) and
                     fail.
gib_antworten_aus if nl and
                     write("abgelehnte Eigenschaften:") and
                     db_nicht_eigenschaft(X) and
                     nl and
                     write(X) and
                     fail.
gib_antworten_aus if nl.
```

Es ergibt sich folgender Beratungsdialog:

Goal: *start.*

Welche Preisklasse?
50 bis 60 T oder
40 bis 50 T oder
30 bis 40 T oder
20 bis 30 T

40 bis 50 T

Wünschen Sie ein
zweitüriges_fahrzeug?
(ja oder nein eingeben)

ja

Wünschen Sie ein
kabriolett?
(ja oder nein eingeben)

nein

Wünschen Sie ein
fahrzeug_mit_allrad_antrieb?
(ja oder nein eingeben)

ja

gewünschte Eigenschaften:
zweitüriges_fahrzeug
fahrzeug_mit_allrad_antrieb
abgelehnte Eigenschaften:
kabriolett

Ich empfehle Ihnen einen
325iX.

Der Dialog ist zu Ende.
True
Goal:

Literaturverzeichnis

W.F. Clocksin und C.S. Mellish:
Programming in Prolog,
Springer, Berlin Heidelberg New York (1981)

R. Kowalski:
Logic for Problem Solving,
Elsevier North Holland, New York (1979)

J.A. Robinson:
A Machine-Oriented Logic Based on the Resolution Principle,
JACM Vol. 19, 23-41 (1965)

S.E. Savory (Hrsg.):
Künstliche Intelligenz und Expertensysteme,
Oldenbourg, München (1985)

P. Schnupp:
Prolog: Einführung in die Programmierpraxis,
Hanser, München Wien (1986)

Ferner wurde das Turbo Prolog Handbuch benutzt.

Sachwortverzeichnis

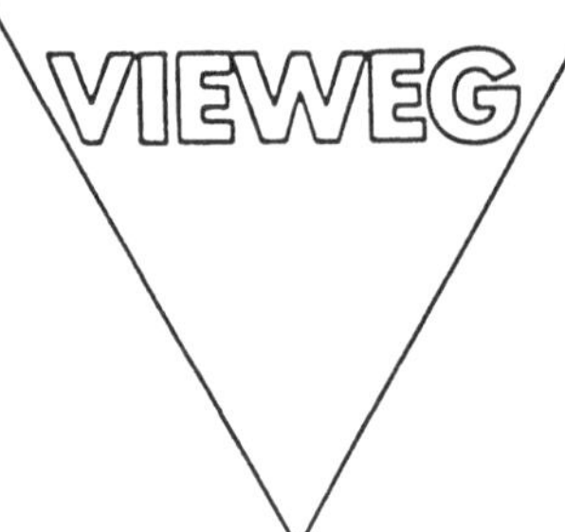

Dietmar Herrmann

Probleme und Lösungen mit Turbo-Prolog

Logikaufgaben, Sortierprogramme, Auswerfen von Datenbanken, Variationen von Bäumen. 1988. VIII, 195 S. mit 20 Abb. und 60 Programmen. 16,2 x 22,9 cm. (Programmieren von Mikrocomputern, Bd. 28.) Kart.

Diese kompakte Einführung in das Programmieren mit Turbo Prolog ist keines der üblichen Lehrbücher, wie sie für Programmieranfänger geschrieben werden, sondern richtet sich an diejenigen, die bereits Erfahrungen mit zumindest einer prozeduralen Sprache, wie z. B. BASIC oder C gesammelt haben und sich mit den Möglichkeiten des aktuellen Compilers vertraut machen wollen.

Der Autor versteht es, ohne große Umschweife den Leser auf die wesentlichen Grundbegriffe und Prinzipien von Turbo Prolog vorzubereiten, um dann durch gezielt angeordnete Programme den sinnvollen Einsatz dieser Sprachelemente zu demonstrieren. Bemerkenswert ist hierbei die Vielseitigkeit der ausgewählten Programmbeispiele, die das gängige Bild von den Möglichkeiten Turbo Prologs korrigieren: Nicht nur das Auswerfen von Datenbanken und das Lösen von Logikaufgaben wird vorgeführt, sondern auch Leckerbissen wie graphische Variationen von Bäumen und fraktalen Kurven, Sortierprogramme, Mengenoperationen, numerische Behandlung eines Integrals nach der Simpson-Formel, der Wegsuche in einem Labyrinth und die Klassifikation von Edelsteinen als eigentliches „Expertensystem".

Jürgen Handke

Sprachverarbeitung mit LISP und PROLOG auf dem PC

1987. XII, 301 S. 16,2 x 22,9 cm. (Programmieren von Mikrocomputern, Bd. 27.) Kart.

Mit der wachsenden Bedeutung der sogenannten „Künstlichen Intelligenz" rückt das Problem der maschinellen Verarbeitung von Sprache mehr und mehr in den Vordergrund. Das vorliegende Buch versucht, die Umsetzung von der Sprache der Alltagswelt in eine Programmiersprache wie PROLOG und LISP vorzuführen. Dabei werden sowohl den Linguisten und Sprachphilosophen eine Einführung in den Umgang mit den entsprechenden Programmierwerkzeugen gegeben als auch den bereits erfahrenen Programmierern die Komplexität der natürlichen Sprache klargemacht. Ohne unangemessen zu simplifizieren, stellt das Buch eine locker geschriebene und doch grundsolide Einführung in die Sprachverarbeitung mit LISP und PROLOG dar. Darüber hinaus gibt das Buch auch dem „Experten" unter den fortgeschrittenen Programmierern wichtige Hilfen bei den aktuellen Problemen seiner Arbeit.